LA FILOSOFÍA DE CHECO

CUATRO PALABRAS
PARA TU VIDA

DR. SERGIO ANDRÉS BELLO GUERRA

LA FILOSOFÍA DE CHECO
Cuatro palabras para tu Vida

Tapa blanda ISBN: 978-1-963732-10-8
Tapa dura ISBN: 978-1-963732-11-5

The Publishing Pad
www.thepublishingpad.com

Dedicatoria

Mi querido y amado hijo,

Tu vida, aunque breve, es un testimonio de resiliencia, coraje y espíritu inquebrantable. Naciste en un mundo que a menudo parecía indiferente a tus necesidades únicas, enfrentaste innumerables desafíos con una entereza que superó tus primeros años. Tu risa, un sonido distintivo y encantador, resonaba dondequiera que ibas, sirviendo como un recordatorio constante de la alegría que trajiste a nuestras vidas y a todos aquellos a quienes tu existencia tocó. Incluso en los momentos más oscuros, tu espíritu siguió siendo un faro de esperanza, iluminando nuestro camino y guiándonos hacia una comprensión más profunda del amor, la compasión y el verdadero significado de la vida. Aunque te hayas ido, tu recuerdo perdura– un preciado tesoro que moldeará por siempre nuestros corazones.

Para mi preciosa hija,

Eres la luz que me ilumina cada día, la sonrisa radiante que borra cada nube de mi cielo. Tu risa, como la melodía más dulce, llena mi corazón de alegría infinita, y tu presencia es el ritmo constante que da sentido a mi vida.

Cada uno de tus pequeños y adorados gestos me trae felicidad, y la forma en que abrazas la vida con tanto deseo hace que el mundo se sienta más vibrante y vivo. Te adoro más allá de toda medida, y cada día que paso contigo es un regalo que valoro profundamente.

Tu amor, tu bondad y tu espíritu me inspiran infinitamente. Eres el mayor tesoro de mi corazón y por ti estaré eternamente agradecido.

Al amor de mi vida, mi inquebrantable esposa,

Tu amor ha sido el ancla firme que me ha mantenido firme en los mares más tormentosos de la vida. En cada desafío, en cada revés, has sido la luz que ilumina mis ojos, mi faro guía, iluminando el camino hacia adelante cuando todo parecía perdido. Tu inquebrantable creencia en mí, tu constante apoyo y la profundidad de tu amor han sido los pilares sobre los que se han construido nuestra familia y mis sueños.

A través de cada obstáculo y caída, me has levantado, no solo con palabras de aliento sino con la fuerza silenciosa de tu presencia, recordándome que juntos somos imparables. No solo eres mi fuerza, eres mi inspiración, mi esperanza y la razón por la que sigo luchando por más. Cada triunfo que he logrado es un reflejo de tu fe en mí. Has llenado mi vida con una alegría que no conoce límites, un amor que le da a mi corazón su mayor paz. Estoy infinitamente agradecido de poder llamarte mi compañera, mi confidente y mi mejor amiga. Gracias por caminar este viaje conmigo, por creer en mí cuando yo no podía y por mostrarme, todos los días, cómo es el amor verdadero.

Contenidos

Reconocimiento

Quisiera Agradecer al Dr. Belio, al Dr. Blanco y a todos los doctores del Hospital Infantil de México "Federico Gómez", por su cuidado y atención tan esmerada y dedicada para mi hijo. También quiero expresar mi apreciación a Chisom Ezeh y todo el equipo de The Publishing Pad por su invaluable ayuda, apoyo y consejos para poder llevar a cabo, finalmente, la publicación de este libro.

Introducción

Este libro, el primero de una serie, trata de una parte muy especial de la historia de la vida de mi hijo. Cuando nació, los médicos le dieron sólo tres meses de vida debido a un síndrome que le causaba múltiples discapacidades. Sin embargo, desafió todas las expectativas médicas y vivió muchos años, mostrando siempre una increíble independencia y disfrutando al máximo de su vida.

Desde muy pequeño demostró una fuerza de voluntad y una alegría por la vida que inspiró a todos los que tuvimos el privilegio de conocerlo. Nunca se quejó de su condición; en cambio, se centró en aprovechar al máximo cada momento y encontrar la felicidad en las pequeñas cosas. Su actitud positiva y resiliencia son el núcleo de la historia que quiero contar. Creo firmemente que su historia inspirará y consolará a muchas otras familias que enfrentan situaciones similares.

Este libro está basado en cuatro palabras o actitudes que aprendimos al observar el comportamiento de mi hijo durante el tiempo que vivió con nosotros. Cada una de ellas encapsula una lección y perspectiva vital que aprendimos de él. Enfrentó la vida y sus desafíos con una fortaleza y una alegría que siempre recordaremos.

Creo que esta parte de su historia no sólo enriquece la narrativa, sino que también resalta un mensaje de esperanza y fortaleza que es fundamental para el propósito de este libro.

CAPÍTULO UNO

LOS CIMIENTOS

L e pregunté a mi esposa: «¿Qué puede estar pasando?»– tratando de explicar lo que ambos estábamos pensando pero no habíamos querido decir en voz alta, fingiendo que mientras no habláramos de ello, todo estaba bien.

Sentíamos mucho miedo porque nuestro hijo, Sergito, había estado en el quirófano poco más de dos horas y media y, sin embargo, nadie había salido a decirnos qué estaba haciendo el médico con nuestro hijo ni por lo que estaba pasando nuestro hijito. ¿Cuánto tiempo más iba a pasar hasta que saliera alguien?

Estábamos completamente exasperados porque no sabíamos absolutamente nada.

No era la primera vez que Checo se encontraba en esta situación (nuestro hijo Sergito tenía muchos apodos, entre ellos Checo). Durante la mayor parte de su vida habíamos estado con él entrando y saliendo de hospitales, a veces logrando salir rápidamente, pero en otras ocasiones, la mayoría, enfrentándonos a altas probabilidades de que no sobreviviera debido a las características mortales de su síndrome.

Mirar el rostro tranquilo y hermoso de mi esposa me hizo regresar a la primera vez que la vi en el club de tenis, al momento en que la conocí y el proceso de lograr que fuera mi novia y mi amada esposa durante todos estos años y durante lo que nos queda de vida.

Vivía en Oaxaca, México, a finales de los años setenta y en los ochenta. Era una época completamente diferente en cuanto a la manera de hacer las cosas en el mundo. La gente se casaba porque se amaba de verdad.

En el momento en que tuve la suerte de ver a esta hermosa e increíble chica, supe inmediatamente que iba a ser el amor de toda mi vida, aunque no nos conociéramos hasta mucho tiempo después. Ella estaba jugando al tenis en el club –el único club de tenis de mi ciudad natal en aquel momento– y yo sabía, en mi interior, el increíble, maravilloso y estupendo ser humano que era. Intenté hablar con ella, pero era tan tímido y tenía tan poca autoestima que no pude hacerlo, y dejé escapar la oportunidad.

Afortunadamente, mis amigos y yo teníamos la costumbre de ir a jugar al tenis todos los fines de semana al mismo club, y allí la veía siempre. Mi deseo de conocerla crecía, pero así también mi miedo a acercarme a ella. Quería preguntarle si podíamos ser amigos y, si las cosas funcionaban bien, que fuese mi novia y tal vez, algún día, mi esposa.

Pasó el tiempo y me marché de mi ciudad natal para estudiar en el extranjero durante mi tercer año de preparatoria. Mis sentimientos y pensamientos por esta increíble chica se apagaron, como olvidados y borrados.

Sin embargo, un año después, regresé a casa para cursar mi último año de preparatoria, y cuando entré en el aula para la primera clase del semestre, ¡allí estaba ella! En cuanto la vi, mi corazón giró 360 grados con sentimientos de increíble calidez y ternura. Decidí que esta vez no volvería a perderla. Estaba decidido a no dejar que se me escapara de las manos cuando acababa de tener la oportunidad de capturar su corazón.

Pero seguía siendo muy tímido, así que tardé casi tres meses en armarme de valor para confesarle mis sentimientos. Cuando por fin encontré fuerzas para hacerlo, empecé como la mayoría de nosotros en esta situación, cuando tenemos miedo de lo que pueda decir la mujer: «¿Qué dirías si te pidiera que fueras mi novia?».

Ella respondió: «¿Me estás preguntando si quiero ser tu novia, o sólo quieres saberlo por curiosidad?». Entonces sonrió, una sonrisa que me derritió por completo.

Sintiéndome como un tonto, le dije: «No, lo que quiero decir es si te gustaría ser mi novia, de verdad». Me sentí muy avergonzado por no haber manejado mejor la situación.

Pero ella sabía cómo manejarla, como la reina que es. Sonriendo y ruborizándose un poco, me dijo que dejara esa pregunta para más tarde, en el cine, donde yo ya la había invitado.

Así que allí estaba yo, con el corazón dando saltos de alegría en mi pecho y la mente jugando conmigo con preguntas como: ¿Me rechazará? ¿Me dará una oportunidad? ¿O simplemente ignorará la pregunta por completo?

Después de nuestra pequeña charla de aquella mañana en la escuela, me moría de ganas de volver a verla, pero el tiempo pasó terriblemente despacio. Durante todo el día estuve mirando el reloj y contando los minutos que pasaban. Mi plan era salir de la escuela inmediatamente al final del día y correr a encontrarme con ella en su casa en vez de hacerlo en el cine. Mi corazón y mis sentimientos no querían perderse ni un precioso instante de contemplar su belleza. Al pasar a buscarla en lugar de encontrarme con ella en el cine, podría pasar el mayor tiempo posible con ella.

Estaba tan nervioso que, al principio, no encontraba el dinero para pagar nuestros boletos. La señora de la taquilla tenía una de esas caras que parecen tener todos los vendedores de boletos: seria, sin sonrisa, formal y nada habladora; sin embargo, en ese momento pensé que me estaba sonriendo y dándome valor para seguir adelante y, por fin, conseguir el sí de mi amor.

Conseguimos las entradas, entramos en el cine, encontramos nuestros asientos y nos sentamos. No hablamos de nada, como dos jóvenes enamorados muy nerviosos que esperaban el momento adecuado para tomar una decisión muy importante para su futuro. Mientras esperábamos a que empezara la película, no me atreví a preguntarle lo que me había dicho que me guardara. El corazón me latía a mil por hora en el pecho, tenía el estómago lleno de mariposas y realmente no sabía qué hacer.

Pensé una y otra vez: ¿Y si realmente no le gusto?

Y entonces: *Pero ¡no! Si ése fuera el caso, ¿por qué aceptó ir conmigo al cine y por qué dijo que me daría una respuesta allí?*

Otra vez: *Quizá sólo lo dijo para ser amable, así no me sentiría tan mal, o para que nadie en el colegio viera mi decepción cuando me dijera que no.*

Estos pensamientos llenaban mi cabeza mientras observaba su hermoso rostro sonriente. Estaba siendo increíblemente amable, como siempre, y yo actuaba completamente tranquilo y relajado, totalmente lo contrario de lo que sentía en mi interior.

Por fin empezó la película. Recuerdo que tenía algo que ver con una banda de motociclistas, pero en aquel momento aquella película era lo menos importante de todo mi mundo. Tomé aire profundamente y, reuniendo todas las fuerzas que pude, que debo decir que no fueron muchas, me giré hacia ella y le pregunté: «¿Quieres ser mi novia?».

Me miró, sonrió y dijo suavemente lo que sería una de las respuestas más increíbles de toda mi vida, sólo comparable a cuando aceptó ser mi esposa. Dijo: «¡Sí! Sí, me gustaría ser tu novia».

Así que giré completamente la cabeza hacia su hermoso rostro, me acerqué y le di mi primer beso en el borde de la boca.

Estaba tan asombrado que no podía respirar. Sentí que volaba. Sí, me dijo que sí, ¡me ama como yo a ella! ¡Sí, me dijo que sí! Ahora es mi novia, ¡y la amaré y la tendré a mi lado toda la vida!

La película continuó, por supuesto, pero para mí lo único importante y vivo en todo el mundo en aquel momento era ella, el amor que sentía por ella y mi felicidad por su respuesta. Sentía que el futuro iba a ser así de brillante con ella a mi lado, y realmente no podía pensar en otra cosa.

«Relájate, mi amor». La encantadora voz de mi esposa me trajo de vuelta al presente y a lo que estaba ocurriendo en el hospital con nuestro hijo. «Probablemente tengan problemas con el esófago. Recuerda que es muy difícil hacerle cualquier tipo de endoscopia debido a todas las operaciones que ya ha tenido. El médico debe tener mucho cuidado de hacer lo necesario para ver por qué no puede tragar nada».

Y, por supuesto, tenía razón. El reflujo ácido gástrico, uno de los síntomas del síndrome de nuestro hijo, le había quemado completamente el esófago, lo que requirió varias difíciles operaciones reconstructivas.

Intentando permanecer tranquilo tras escuchar el recordatorio de mi esposa, empecé a pensar en cómo era nuestra vida antes de casarnos y tener a Sergito, después de que ella me diera el sí que respondió a todas mis plegarias, convirtiéndose por fin, tras todos los años que llevaba detrás de ella, en mi novia y, para mí y mi futuro, en mi esposa para siempre.

Nuestra vida de novios empezó cuando éramos compañeros de clase. Estábamos en el último curso de la prepa. Ella estaba en otra clase durante el primer semestre, pero siempre que podíamos estar juntos -entre clase y clase, en cualquier momento que teníamos la más mínima posibilidad- estábamos el uno al lado del otro. Todos los días iba a su casa después de clase para estar con ella, hablar y, por supuesto, hacer lo que hacen todos los novios y novias: pasar un rato maravilloso juntos.

El último semestre estuvimos juntos en la misma clase y pasamos casi todo el día juntos. Regresaba a mi casa sólo para dormir, y al día siguiente estábamos de nuevo en la escuela, juntos todo el tiempo, amándonos y divirtiéndonos.

Pero, como debía ser, el tiempo pasó y el colegio terminó. Tuve que alejarme de ella para estudiar mi carrera porque su mamá no la dejaba irse de casa al principio, así que lloramos, y me marché para empezar a construir la vida que quería tener con ella. Tendría que estar lejos de ella varios años hasta que pudiera regresar y casarme con ella.

O así lo pensé.

Seis meses después de marcharme, me contactó para decirme que iba a estudiar en la misma universidad y campus en los que yo estaba. ¡Imagínate la conmoción y la felicidad que sentí!

Íbamos a compartir nuestros estudios durante los próximos cuatro años en el mismo lugar, e íbamos a estar juntos y a compartirlo todo a partir de ahora, excepto las noches, en las que ella tenía que irse, por supuesto, ya que aún no estábamos casados y los tiempos eran completamente distintos entonces. Ella dormía en las residencias de estudiantes, yo en mi casa alquilada.

Nuestras vidas eran estupendas. Cada uno estudiaba lo que quería. Por supuesto, cada semestre me ganaba en calificaciones; aunque yo me esforzaba por superarla, cada semestre ella tenía mejores calificaciones que yo. La vida era increíble. Tenía todo lo que quería en aquel momento, y el tiempo pasaba, como debía ser.

Entonces terminé la carrera y me gradué. Mi padre insistió en que debía tener un trabajo en lo que me pareció un tiempo récord, pero lo hice, y empecé mi vida profesional de un modo excepcionalmente bueno. Conseguí un trabajo precisamente en el campo para el que había estudiado: ingeniería de software. Así que hacía lo que me gustaba y, al mismo tiempo, me pagaban muy bien. La empresa que me contrató era estupenda; era internacional, así que tenía que viajar para apoyar a distintas empresas de todo el país. Tenía grandes beneficios y tiempo para estar con mi novia todo ese tiempo.

Ella siguió con sus estudios y, con el tiempo, también terminó la carrera. Se graduó, y entonces tuvimos que decidir qué íbamos a hacer con nuestras vidas en aquel momento. Queríamos estar juntos y no tener que separarnos nunca más, pero había un pequeño problema. Conseguir trabajo era un problema muy duro en aquel momento. Las empresas no contrataban. De hecho, cada día despedían a más gente, sobre todo de los puestos ejecutivos. Cada vez que mirabas las noticias, había otro cierre o quiebra en tal o cual empresa. México se encontraba en la peor crisis económica de toda su historia. La inflación era increíblemente alta, y el dinero en México valía cada día menos. Un día podías comprar algo y al día siguiente costaba el doble o incluso más.

Así pues, en esta época mi novia salió de la universidad. Se había graduado con honores en Economía en la misma universidad en la que yo me había graduado, pero no había forma de que consiguiera un trabajo en su campo. Tendría que regresar a nuestra ciudad natal, y entonces nuestras oportunidades de vernos serían muy escasas, quizá una o dos veces al año, y no queríamos eso. Queríamos mantener vivo nuestro amor y compartirlo todo juntos todo el tiempo.

Por eso decidimos, tras cinco años y dos meses de noviazgo, casarnos, vivir el resto de nuestras vidas juntos, compartiendo lo bueno y lo malo, la pobreza y la riqueza, la salud y la enfermedad y, sobre todo, amarnos tanto como lo hacíamos en aquel momento.

«Por fin llega el médico».

El comentario de mi esposa me trajo de mis recuerdos al presente, en el que estábamos tan preocupados por nuestro hijo. Inmediatamente fuimos corriendo a encontrarnos con el médico y a escuchar lo que tenía que decirnos sobre la operación y sobre cómo estaba Sergito.

«Es muy difícil desmenuzar lo que ha comido», empezó a explicar el médico. "Al parecer, se tragó entero un hot dog caliente de gran tamaño. La comida es tan blanda que es difícil deshacerla. Si empujo un poco más fuerte y el endoscopio se aleja, podría perforar el esófago, y entonces Sergio moriría."

Ese último comentario fue el más difícil de escuchar.

El médico continuó: «Debo seguir trabajando despacio y con cuidado, así que tardaré algunas horas más en terminar. Así que, por favor, tengan paciencia y esperen a que les llame cuando terminemos».

Luego dio media vuelta y regresó a la habitación de operaciones sin dejarnos decir la mínima palabra ni preguntarle ninguna de las miles de preguntas que nos venían a la cabeza.

Era la misma situación que habíamos vivido varias veces durante la vida de nuestro hijo. Debido a la gravedad de su enfermedad, las operaciones urgentes eran algo normal en nuestras vidas, aunque eso no quiere decir que fuera fácil permanecer tranquilos. Era difícil tener que esperar y confiar en que todo iba a salir bien.

Pero, mientras el médico se alejaba, mi esposa me dijo: «Sergito se va a poner bien. Recuerda que es muy fuerte y quiere seguir viviendo y permanecer con nosotros».

Parecía tan convencida, como siempre lo había estado en todos los momentos difíciles, que yo tenía que estar tan seguro como ella de que todo iba a salir bien.

«Lo sé, mi amor», le dije. «Sé que habla directamente con Dios y que decide permanecer con nosotros. Creo que aunque Dios no quisiera que se quedase, Sergito sabría cómo convencerle».

«Recuerda», dijo mi esposa, »las cuatro palabras para vivir que encontramos junto a Sergito y recuerda todas las cosas que nuestra vida juntos nos ha enseñado. Cuando aplicamos esos principios, somos felices y conseguimos lo que queremos. Ahora ha llegado el momento de ponerlos a trabajar de nuevo».

«Sí», dije, "tienes razón".

Entonces nos quedamos en silencio y esperamos a que el médico terminara la operación y a tener la oportunidad de volver a ver bien a nuestro hijito.

Tras más de otra hora de ansiosa espera, mi mente empezó a divagar de nuevo.

Era mayo de 1982 cuando me gradué. Acababa de terminar la carrera de Informática y estaba a punto de empezar mi vida profesional. Estábamos en el baile de graduación cuando, de repente, mi padre me llamó aparte. Con toda su seriedad, me dijo: » Felicidades, hijo, por este gran logro que ya has conseguido. Pero ahora tendrás que conseguir algo mayor en menos de treinta días».

Me quedé completamente asombrado. Pensé que estaría increíblemente contento y orgulloso porque me había graduado. No sabía lo que quería decir, así que le pregunté: «¿Qué quieres decir con eso?»

«Que tendrás que conseguir un trabajo antes de que acabe el mes. Te seguiré manteniendo hasta entonces», me aclaró, "pero a partir de ese día, tendrás que pagarte tú solo la renta, los servicios y todo lo demás".

«¿Hablas en serio?» pregunté.

«Sabes que siempre hablo en serio en cuestiones de dinero».

Y yo sabía que era completamente cierto. Si había algo sobre lo que mi padre nunca hacía una broma, era sobre el dinero.

Así que me quedé destrozado. Yo acababa de terminar la carrera, y mi padre me soltó una bomba.

Me quedé estupefacto. No podía creer lo que estaba diciendo. Mi padre me estaba diciendo que sus obligaciones para conmigo habían terminado, y que ahora me tocaba a mí cuidar de mí.

Por supuesto, sabía y estaba completamente de acuerdo en que cuando uno tiene una forma de trabajar y de apoyarse a sí mismo, está obligado a hacerlo. Pero no pensaba que mi padre me daría tan poco tiempo para conseguir un trabajo. Encontrar trabajo nunca es fácil y, además, en aquella época el país atravesaba su peor crisis económica en veinte años. No sólo se contrataba a poca gente, sino que la mayoría de las empresas despedían a sus empleados más antiguos y caros y no contrataban a nadie.

Así que, aquí estaba yo, un ingeniero informático recién graduado, con la necesidad de empezar a trabajar para mantenerme en menos de un mes o iba a tener un gran problema sin la paga de mi padre.

Empecé a buscar trabajo. Día tras día buscaba sin resultado alguno. Había pocas oportunidades para un joven con poca experiencia. Los trabajos a tiempo parcial que había tenido cuando era estudiante no eran de mucha ayuda en este sentido. Y el país atravesaba una de las peores crisis económicas de su historia. Así que iba a ser más que una odisea conseguir un trabajo en el tiempo que me daba mi padre.

Afortunadamente, en menos de una semana, tuve una magnífica primera entrevista con una multinacional informática, la segunda empresa de este tipo más importante del mundo. Después tuve un número increíble de entrevistas con varios ejecutivos de recursos humanos y algunos de los magos técnicos de la empresa. Me examinaron de todo, desde cómo pensaba hasta cómo vestía, y tuve que pasar un examen físico. ¡Aleluya! Decidieron que yo era la persona con la que querían trabajar y me contrataron como especialista en software. Ahora podía dormir sin preocuparme de que llegara fin de mes y no tuviera dinero para comer y pagar las facturas.

Por fin –y estoy seguro de que muchos de ustedes han tenido esta misma sensación– podía darle las gracias a mi padre por todo lo que había hecho por mí, y a partir de ahora podría volar por mi cuenta, y él ya no tenía que decirme qué hacer ni cómo hacerlo. En aquel momento, ése era mi pensamiento más importante, incluso más importante que el hecho de que, en menos de un mes, había terminado la carrera, me había graduado en una de las universidades más prestigiosas de México y, en una semana, había conseguido un trabajo muy bien pagado en una increíble empresa. Estaría haciendo lo que realmente me gustaba, trabajando en el campo para el que había estudiado, a pesar de una economía muy convulsa que no daba muchas oportunidades a gente como yo.

Así que empecé mi trabajo y seguí viendo a mi novia, Maru. Ella estaba en el último semestre de la universidad. Iba a graduarse a finales de año con una licenciatura en Economía, y ya estábamos haciendo planes para casarnos porque no queríamos separarnos. Sabíamos que si no encontraba trabajo en Monterrey al terminar la carrera, su madre la haría volver a vivir a su ciudad natal, y nosotros no queríamos eso, ya que la crisis económica aún no había terminado y todavía era difícil encontrar trabajo.

Planeamos todo lo necesario para comprometernos tal y como exigían las tradiciones de nuestro país. Mi padre me acompañó a ver a la madre de Maru, donde le pedimos la mano de su hija e hicimos oficial nuestro compromiso. Decidimos tener nuestra boda el primer mes del año siguiente, justo después de que ella se graduara, así podríamos vivir juntos y mantener vivo nuestro amor.

Pasaron siete meses. A veces el tiempo pasaba rápido y a veces lento, dependiendo del asunto que tuviéramos entre manos. Cuando hacía cosas rutinarias, iba rápido; pero cuando planeábamos la boda, iba lento. Teníamos que buscar el vestido de novia, planificar el banquete, organizar la iglesia y todo lo relacionado con la misa de la boda en sí, elegir las invitaciones y hacer la lista de invitados que queríamos convocar. Por supuesto, mi madre ponía objeciones a todo lo que no le gustaba, y luego llegaba una discusión, etcétera, etcétera; pero el tiempo pasaba implacablemente. Afortunadamente para mi intenso deseo de estar con ella el resto de mi vida, por fin llegó el día de la boda.

CAPÍTULO DOS

COMIENZAN LOS PROBLEMAS

Finalmente, aquí estaba yo en la iglesia con Maru a mi lado para la ceremonia de volvernos marido y mujer para siempre, porque nuestro amor era tan fuerte que iba a vivir incluso después de la muerte, no sólo por nuestra vida en este mundo.

Hicimos nuestras promesas de matrimonio delante de Dios y nos fuimos felices recién casados a vivir juntos y ser dichosos para siempre. O eso creíamos.

Una vez casados, decidimos formar una familia de inmediato. No había por qué esperar; los problemas económicos de nuestro país aún no se habían resuelto, por lo que mi esposa no podía conseguir un trabajo, pero yo ganaba muy buen dinero, así que no había nada que nos impidiera completar nuestro amor con un hijo.

Luego mi esposa se embarazó, y esperábamos, con todo el amor que nos teníamos y enormes expectativas de lo que nuestro hijo podría traer a nuestro matrimonio: amor, felicidad, y todos esos pequeños momentos con risas y lágrimas, todo lo que los hijos traen a la vida de sus padres. Un año después del día de nuestra boda, estábamos en el hospital donde mi esposa daría a luz a nuestro primer hijo.

Los problemas comenzaron tan pronto como mi esposa llegó al hospital. El médico nos dijo que el niño presentaba síntomas de sufrimiento fetal, por lo que debía practicarle una cesárea de inmediato para evitar más complicaciones a nuestro hijo. Así que ordenó la cirugía de inmediato y luego entramos juntos al quirófano, porque el doctor aceptó mi deseo de estar allí con ella. Todos nuestros sentidos estaban alterados porque no sabíamos qué iba a pasar con nuestro hijo y, por supuesto, con mi esposa, que iba a ser sometida a esta importante cirugía. Allí estábamos en el quirófano. Yo vestía una bata azul desde los pies hasta el cuello y una mascarilla en la cara para no transmitirle ninguna infección a mi esposa ni al bebé. Todo estaba reluciente y esterilizado. Unas luces enormes y brillantes resplandecían desde arriba de ella. Ella estaba en la mesa de operaciones, sus signos vitales eran monitoreados por todos los aparatos eléctricos que usan los médicos, como quiera que se llamen; por supuesto, la jerga técnica es completamente absurda y molesta para nosotros, la gente normal. Luego vinieron, el equipo de enfermeras con sus uniformes blancos, y comenzaron a cuidar todo el instrumental médico. Después de ellos llegó el anestesista, que le puso un líquido extraño a mi amada esposa para que se durmiera y luego le aplicó una máscara en la boca y la nariz para la última parte del proceso de anestesia. Finalmente, llegó el médico, que parecía un extraterrestre con su bata de quirófano, dispuesto a abrir a mi esposa y, para nosotros dos, salvar a nuestro hijo de todas las enfermedades que pudiera tener.

Antes de continuar, déjenme contarles sobre la enfermera jefe. Era una señora mayor y gruñona con una voz como la de un perro que ladra, y parecía exactamente uno de esos perros con caras enojadas que parecen estar en contra de todo aquello que miran. Esta enfermera jefe no quería que yo entrara al quirófano para estar presente en la cirugía porque, unos minutos antes, habían hecho otra cesárea donde el esposo, un hombre enorme, se había desmayado tan pronto como el médico comenzó a abrir a su esposa. Desafortunadamente, cuando este hombre se desmayó, cayó sobre su esposa, causando muchos problemas y haciendo que una operación fácil se convirtiera en una muy complicada. Así que la enfermera jefe no quería que yo fuera la causa de otro incidente como el que acababa de vivir.

El médico dio la orden con una voz muy tranquila, de esas que utilizan los que saben que son los jefes para establecer su autoridad y hacer que todos los que están por debajo hagan lo que ellos quieren. "Entrará al quirófano con su mujer".

La enfermera respondió con voz suplicante: "Pero, doctor, ¿y si se desmaya igual que el otro? También es un hombre grande; podría hacer el mismo desastre que el anterior".

"Eso no va a pasar, ¿verdad, Sergio?", dijo el médico, pidiéndome mi conformidad. Sin esperar mi respuesta, continuó: "Y si no puedes evitarlo, prométeme que te caerás en cualquier parte menos sobre ella. ¿De acuerdo?". Entonces el médico se puso los guantes y se dirigió a la mesa de operaciones sin la menor vacilación, porque no esperaba que yo le respondiera; simplemente supuso que yo estaba de acuerdo.

Entonces, allí estaba yo en el quirófano con mi esposa, que dormía por la anestesia y el médico empezó a abrirla para sacar a nuestro hijo de su útero. Cuando vi que empezaba a salir sangre de las heridas abiertas, empecé a sentirme mareado, la cabeza me empezó a dar vueltas y estaba seguro de que iba a vomitar y caer hacia adelante. Pero, con gran esfuerzo, me recuperé. Me recordé a mí mismo que era ella la que estaba sufriendo, no yo, y que realmente quería ver el nacimiento de mi hijo.

Además –o quizás principalmente– no quería darle a la enfermera jefe la satisfacción de tener razón sobre mí. Estaba decidido a no dejar que ganara en la situación médico-enfermera.

Así que me quedé quieto, el médico siguió operando y, finalmente, sacó a nuestro bebé. Justo en el momento en que Sergito salió de mi esposa, comenzó a gritar fuerte, como si le estuviera diciendo a todo el mundo que no quería que nadie le pegara una bofetada –al menos, ese fue el comentario del médico. Pero cuando miré la cara de mi bebé recién nacido, con los ojos tan abiertos, estaba seguro de que estaba llorando de felicidad porque finalmente había salido de ese pequeño espacio y estaba en el mundo.

¡NUESTRO HIJO! ¡NUESTRO PRIMER HIJO HABÍA NACIDO! Pero la alegría no era completa ni permanente. Parecía que algo andaba mal con él. Se notaba de inmediato por la forma en que su pequeño cuerpo estaba enrollado sobre sí mismo y por el color de su piel. Aun así, para mi esposa y para mí, era el niño más hermoso de la Tierra. O eso pensaba mi esposa. Yo estuve de acuerdo con ella para que no se enfadara conmigo. No podía decepcionarla en ese preciso momento, cuando ella acababa de salir de la operación y tenía mucho dolor; pero mi hijo –y este será nuestro secreto, por favor no se lo digan a nadie– me pareció que parecía un monito precioso. ¿Han visto un monito con ojos grandes y el cuerpo encogido, con miedo de todo el mundo y aferrándose a su madre como si le fuera la vida en ello? Son muy tiernos, pero nunca le dije a mi esposa que pensaba que nuestro hijo parecía un monito. Así que ella se va a dar cuenta cuando lea este libro.

Mi esposa, ahora madre primeriza, fue a una habitación del hospital y nuestro bebé entró en una incubadora. Y esperamos el momento en que el médico nos dijera que podíamos irnos a casa con nuestro hijo y seguir con nuestras vidas.

Pasó un día. Nuestro hijo parecía que empezaba a estar un poco mejor y mi esposa estaba ansiosa por tenerlo en sus brazos y llevárselo a casa. En la tarde del segundo día, una enfermera vino y nos dijo que el bebé no estaba listo para salir, así que teníamos que quedarnos al menos un día más en el hospital.

Fui corriendo a ver a mi hijo. Estaba en la incubadora, ahora veinticuatro horas más viejo que la última vez que lo había visto. Había pasado de ser un pequeño bebé indefenso recién nacido a ser un bebé testarudo, fuerte y decidido, luchando con todos sus recursos de apenas un día de vida. Estaba completamente decidido, desde el momento en que salió del refugio de su madre, a sobrevivir y desarrollarse en este mundo.

Y sin embargo se veía tan débil, tan increíblemente frágil mientras luchaba por su vida. Era un niño muy pequeño, menos de 2 kilos 250 gramos al nacer, así que pueden imaginar lo difícil que fue verlo en esa incubadora y no poder abrazarlo, besarlo, protegerlo y, principalmente, hacerle sentir que sus padres lo amaban con todo su corazón y realmente querían que siguiera vivo y estuviera con ellos sin importar nada.

"¿Qué problema tiene mi hijo, Doctor?" Le pregunté en cuanto lo vi acercarse a la habitación de mi esposa: "¿Va a estar bien?".

El médico habló con suavidad pero con firmeza, como si quisiera que yo tuviera muy claro lo que estaba sucediendo. "Su hijo tuvo mucho sufrimiento fetal, e incluso tragó algo de líquido amniótico. Debido a estos problemas, está regurgitando su comida. Su peso también es muy bajo. Por lo tanto, debemos vigilarlo para ver cómo evoluciona".

Estaba desesperado por más información. "Pero, ¿va a estar bien? ¿Podremos llevárnoslo a casa con nosotros?".

"Todavía no", me dijo el médico. "Tenemos que esperar y ver cómo evoluciona en las próximas veinticuatro horas antes de poder darle un pronóstico. Por ahora, debe quedarse aquí en la incubadora". Luego, el médico entró en la habitación de mi esposa y procedió a examinarla para saber cómo estaba.

Sintiéndome muy triste, entré, tratando de ocultar mi estado de ánimo para no agobiar a mi esposa que ya estaba sufriendo. Fui a su lado para ver cómo la examinaba el médico. Entonces dijo las palabras que estábamos esperando y al mismo tiempo temíamos oír: "Puede irse a casa". Así que estábamos muy contentos de que ella, la mujer fuerte que era, pudiera irse a casa y retomar su vida normal, pero estábamos muy tristes de que nuestro pequeño tuviera que quedarse en el hospital.

Empezamos a prepararnos para llevar nuestras cosas a casa. Por supuesto, sabíamos que volveríamos para estar cerca de nuestro hijo; a mi mujer no se le ocurriría dejarlo solo en el hospital. Fui a hacer los arreglos para que mi mujer recibiera el alta y para que mi hijo estuviera bien cuidado en el pabellón de recién nacidos. Nos llevó varias horas completar todos los trámites.

Cuando ya estábamos listos para irnos, entró la enfermera jefe, con el rostro de mal humor como siempre (aunque ya nos habíamos acostumbrado) y dijo (no muy contenta, pensé): "El doctor dice que su hijo está mucho mejor ahora y que se lo pueden llevar a casa. Él cree que ustedes pueden cuidarlo mejor en casa que cualquiera aquí en el hospital". Pero me di cuenta de que esta enfermera tenía más que decir, como si le fuera a matar por dentro si no lo hacía: "No es que esté de acuerdo con él. Estoy convencida de que debería quedarse aquí; ustedes no van a poder darle el cuidado que tenemos aquí. Pero él es el doctor, así que…". Se quedó callada sin terminar esa última frase.

Nos quedamos paralizados. Vaya, ¿podemos llevarnos a nuestro precioso hijo con nosotros? ¡SÍ, hagámoslo!

Mi esposa no podía esperar a que las enfermeras nos trajeran a Sergito, así que fuimos al pabellón de recién nacidos a buscarlo, aunque tenía tanto dolor que apenas podía caminar. Ella estaba decidida a tomarlo en sus brazos, agarrarlo y rodearlo con su amor. Finalmente, lo tuvimos en sus brazos.

Su carita de bebé estaba llena de alegría porque podía sentir nuestro amor incondicional. Nos dirigimos a la puerta del hospital, listos para ir a casa y comenzar nuestra vida juntos. El médico nos estaba esperando en la puerta. Sus últimas palabras fueron: "Está enfermo, así que cuídenlo bien. Esperen lo inesperado. Va a tener grandes problemas en el futuro. Buena suerte y felicitaciones".

Le agradecimos al doctor por todo lo que había hecho y nos fuimos a casa para comenzar una vida juntos con nuestro nuevo hijo.

Tres días después, tuvimos que llevarlo de urgencia al hospital. Estaba casi muriendo por la regurgitación y otros problemas graves. Lo llevamos a urgencias y de inmediato le hicieron una transfusión de plasma para fortalecerlo y que no muriera.

Como tenía tantos problemas y se veía tan enfermo, el hospital llamó a una genetista para que lo examinara. Su diagnóstico fue: "Su hijo tiene un síndrome mortal. Le quedan como mucho **tres meses** de vida. ¡No más!" Nos lo dijo directamente sin remordimientos ni amabilidad, sin siquiera pensar en nuestros sentimientos como padres.

Estábamos devastados. Allí estábamos con nuestro primer hijo, con todas nuestras expectativas y amor por él, y nuestras esperanzas de un gran futuro habían sido destruidas. Entonces, ¿qué íbamos a hacer? ¿Esperar a que nuestro hijo muriera?

Nos sentamos en la sala de espera durante días, esperando ver qué iba a pasar con él, esperando todo el tiempo que nos llamaran para decirnos que nuestro hijo había muerto. Pero, al mismo tiempo, cada día que pasaba, nuestra fe se hacía más fuerte en que él iba a lograrlo. Y que nosotros estaríamos allí para apoyarlo, para luchar junto a él para sacarlo de todos sus problemas y que pudiera salir adelante en la vida lo mejor que pudiera y con la ayuda de Dios.

Después de otros tres días terribles, lo dieron de alta del hospital con un pronóstico increíblemente malo: se esperaba que viviera solo dos meses y medio más y no más.

Pero, en nuestros corazones y en nuestras mentes, esto no era un obstáculo, era solo otro camino para recorrer. Así que lo abrazamos, lo llevamos a casa, afrontamos nuestra vida y procedimos a vivir nuestro inesperado viaje y a disfrutar del tiempo que tendríamos juntos y del privilegio de estar con nuestro hijo.

Así empezó nuestro viaje, y durante los siguientes veintiún años —sí, leyeron bien, los siguientes veintiún años, no sólo tres meses como decían— estuvimos entrando y saliendo del hospital con Sergito. La mayoría de estas veces casi murió. Pero gracias a las **cuatro palabras**, no sólo sobrevivimos a estos tiempos difíciles, sino que también fuimos muy felices, y logramos que nuestra vida fuera extraordinaria a pesar de todos los problemas y los malos momentos. Estas cuatro palabras —de las que les hablaré pronto— nos surgieron de manera natural. Las encontramos al principio de este increíble viaje y las pusimos en práctica sin saberlo. Más tarde, hablando con mi esposa, las definimos y seguimos practicándolas.

En este momento, mi hijo tiene treinta años, y mi hija, que nació con el mismo síndrome mortal, tiene veinticinco, y están bien. Por supuesto, tienen problemas y complicaciones debido a su síndrome. Por ejemplo, su tamaño físico y su desarrollo intelectual y emocional son comparables a los de un niño de diez años. Pero están bien, y nosotros estamos bien y somos una familia muy feliz.

CAPÍTULO TRES

ENCONTRANDO LAS CUATRO PALABRAS

"**A**hí viene el doctor". La voz de mi esposa me devolvió a la realidad, al hospital donde estaban operando a nuestro hijo porque no podía tragar nada, ni siquiera su propia saliva. Llevábamos más de cinco horas esperando los resultados de la operación.

Mi esposa dijo: "El cirujano se ve agotado, pero parece que finalmente terminó de destruir el hot dog que Sergito intentó comer".

"Sí", dije. "Vamos a preguntarle".

No pude seguir hablando, porque el doctor vino directamente hacia nosotros y comenzó a contarnos los resultados de la operación y cómo estaba Sergito:

"Fue una operación muy difícil. Como les dije antes, intentó tragarse un hot dog entero, y se le atascó al final del esófago y lo bloqueó por completo".

Luego el doctor nos dio una explicación muy completa de todo lo que sucedió durante las más de cinco horas que duró la cirugía.

"Al principio, no pudimos hacer ni un pequeño orificio debido a la suavidad de la comida que comió. Tan pronto como logramos un pequeño orificio, tuvimos que proceder muy lentamente. Si hubiéramos hecho un poco de fuerza, podríamos haberle atravesado el esófago y se habría desangrado, como si tuviera una úlcera".

El cirujano siguió describiendo todo lo que había hecho con la precisión de un relojero. "Así que nos llevó casi una hora hacer esa primera apertura y otras cuatro horas limpiarlo todo, terminando con una revisión completa de su sistema digestivo para asegurarnos de que todo estaba bien. Así que ahora está bien, pero por supuesto está completamente sedado por la enorme cantidad de anestesia. Tendrá que pasar la noche en el hospital. Cuando despierte y veamos que su estado es bueno, entonces podrán llevarlo a casa mañana".

Cuando el médico terminó de contarnos su resumen muy formal de todo lo que sucedió, me pareció ver una leve sonrisa en su rostro, por lo demás muy serio.

Mi esposa y yo nos miramos y luego hicimos la terrible pregunta que teníamos en mente. "Pero ahora está bien. ¿Podrá comer como antes? ¿O su esófago está muy dañado? Por favor, díganos la verdad, queremos saber qué esperar cuando despierte".

Escuchar que Sergito podría haber muerto en la mesa de operaciones –algo que ya habíamos escuchado muchas veces– me hizo recordar veintinueve años atrás, la primera vez que Sergito necesitó una cirugía en el esófago debido a su síndrome mortal.

Cuando tenía apenas siete días de nacido le dieron el alta hospitalaria por segunda vez en su corta vida. Volvimos a nuestra rutina normal: yo iba a trabajar todos los días, mi mujer se ocupaba de la casa y nuestro hijito hacía lo que hacen los bebés: dormir, comer, llorar, etcétera.

Los días empezaron a transcurrir con total normalidad, sin problemas, hasta que a las tres semanas tuvimos que llevarlo a otra operación. Pero esa es otra historia. Por ahora sólo diré que el tiempo fue pasando y cuando llegó el temible plazo de los tres meses –recordemos que el genetista le había dado sólo tres meses de vida– mi hijo iba bien. De hecho, a pesar de todos los problemas que tenía, podíamos decir que hacía una vida normal.

Pueden imaginar que cuando pasó la marca de los tres meses, estábamos extasiados porque pensábamos: "Si ya pasó esa fecha y sigue vivo con nosotros y muy sano, o al menos no tan enfermo como podría estar, entonces eso significa que no se va a morir, va a sobrevivir y va a vivir con nosotros para siempre". Ese pensamiento estuvo en nuestra mente todo el tiempo, y era lo único que nos importaba en ese momento.

Y entonces llegó el cuarto mes. Lo único que nunca se detiene en este mundo es el tiempo. Pasó muy lentamente, dejándonos ser felices con nuestra nueva esperanza de que nuestro hijo se quedaba con nosotros, que no nos iba a dejar.

A los cuatro meses del nacimiento de Sergito, tuve que viajar a la Ciudad de México. Decidimos tomarnos un tiempo libre de nuestros problemas y luchas diarias e irnos todos juntos, toda la familia, a la capital del país. Arreglamos las cosas para que cuando yo terminara mi jornada laboral, pudiéramos salir a comer juntos, ir de compras, o al menos estar juntos la mayor parte del tiempo.

Así que nos fuimos a la Ciudad de México, muy felices de estar juntos, pasando tres días sólo para nosotros, olvidándonos de los problemas que todos tenemos en esta vida. El viernes hice mi trabajo en la oficina, y en la noche salimos a cenar. Al día siguiente, sábado, también trabajé, y salimos a comer después del trabajo. Esa noche, mi esposa y yo pasamos una velada maravillosa, sin preocupaciones por la vida o la salud de nuestro hijo.

Pero, al final de estas mini vacaciones realmente cortas de tres días, ¡sucedió!

Llegó el domingo, el día de descanso de la semana. Nos levantamos un poco más tarde de lo acostumbrado, salimos a desayunar y regresamos a la casa en la que estábamos alojados, con la familia de mi esposa, para ver el partido final de la liga mexicana de fútbol. Mi hijo estaba durmiendo en su cuna en el segundo piso y yo estaba abajo viendo el partido de fútbol en la televisión. Mi esposa y su hermana salieron a comprar algo para el almuerzo. De repente comencé a sentirme preocupado. Mi corazón se sentía muy pesado y mis pensamientos se dirigieron inmediatamente a mi hijo. Aunque él estaba durmiendo arriba y yo abajo, sentí que algo estaba muy mal con él.

Lo que acabo de contarles sucedió en mi mente en aproximadamente dos nanosegundos. Me levanté inmediatamente y subí a donde estaba Checo, y esto fue lo que encontré:

Estaba acostado boca abajo, sin respirar en absoluto. Cuando lo tomé en mis brazos, se sentía como un muñeco de trapo sin apenas peso. Sus párpados, dedos de manos y pies estaban completamente violetas, como se ve un hematoma después de un golpe muy fuerte. No podía sentir el pulso, así que intenté reanimarlo, pero no funcionó.

Comencé a llorar, gritar y chillar a todo pulmón, preguntándole a Dios por qué tenía que llevarse a nuestro hijo y diciendo cada cosa brutal que pasaba por mi mente. Casi había perdido la cabeza del dolor cuando, afortunadamente, mi esposa y su hermana entraron en la habitación, habiendo escuchado todo el alboroto. Cuando vieron la situación, la hermana de mi esposa tomó al bebé de mis brazos y lo llevaron rápidamente al hospital más cercano para que lo atendieran.

Los médicos dijeron que no estaba muerto, que tenía broncoaspiración, lo que significa que algún líquido, en lugar de ir al estómago, toma la ruta equivocada y entra a los pulmones, causando asfixia. El doctor dijo que lo habían sacado de ese estado, pero, como les describí antes, estoy completamente seguro de que él había estado muerto y que subió hasta el cielo delante de Dios y le dijo:

"Dios, yo sé que quieres que venga a sentarme aquí a tu lado, pero lamento decirte que tengo dos padres allá abajo que están sufriendo mucho. Ellos realmente me aman y se preocupan por mí; además, tengo muchas ganas de vivir y hacer muchas cosas por ellos, por mi familia y por el mundo. Así que, por favor, mándame de vuelta al mundo para continuar con mi vida".

Y creo que Dios decidió que ese niño tenía razón en lo que estaba diciendo y lo envió de vuelta a la Tierra –no para disfrutar de la vida, al menos no en ese preciso momento, porque tuvo que estar internado en el hospital durante cuatro meses, sino para ser una lección para todas las personas de este mundo que están buscando esperanza y una manera de convertir la adversidad en oportunidad.

Bueno, después de volver a la vida, tuvo que permanecer casi una semana en urgencias. Durante los tres primeros días, ni siquiera podía respirar por sí mismo, por lo que tuvo que estar conectado a un respirador hasta que pudiera respirar por sí solo. Tras recuperar la capacidad respiratoria, Sergito permaneció en urgencias tres días más, inconsciente. Los médicos no estaban seguros de que pudiera despertar y reaccionar con normalidad de nuevo después de su episodio de broncoaspiración (sigo queriendo decir que después de su muerte). No sabíamos cuánto tiempo había estado sin oxígeno, por lo que nadie podía adivinar cuán gravemente podría estar afectado su cerebro.

Milagrosamente, después de una semana despertó y comenzó a recuperar su salud. Pero los médicos tuvieron que hacerle muchas pruebas, porque nadie sabía por qué le había sucedido esto. Necesitábamos saber cómo prevenir una recurrencia si era posible, o cómo prepararnos en caso de que volviera a suceder. Por lo tanto, Sergito permaneció en el hospital durante cuatro meses completos. Esto no estuvo exento de consecuencias. En ese período, le hicieron innumerables pruebas y ya estaba debilitado por su grave síndrome, por lo que empezó a sufrir enfermedades que se trasmiten en cualquier tipo de hospital, pero más en uno público.

No habíamos pensado si llevarlo a un hospital público o privado. Cuando encontré a mi hijo muerto y mi esposa y mi cuñada entraron en acción, lo llevamos al hospital más cercano. Solo queríamos recuperarlo con vida, no nos importaba qué tipo de hospital fuera. Pero a medida que fue pasando el tiempo y vimos que emergencias como esta iban a ser algo habitual en nuestras vidas, mi esposa y yo decidimos seguir llevando a Sergito a hospitales públicos. Hubo dos razones muy importantes para esta decisión:

En primer lugar, aunque nadie quiere pensar en el coste del tratamiento cuando un familiar muy cercano está enfermo, es algo que hay que tener muy en cuenta. Si la enfermedad es larga, la familia puede acabar sin dinero y entonces no puede seguir prestando asistencia sanitaria a su ser querido, y eso no va a ayudar a que se cure.

En segundo lugar, los médicos de los hospitales públicos suelen tener mucha experiencia. Cada día realizan operaciones y atienden a pacientes graves, por lo que pasan por estas cosas no sólo una vez, sino muchas, muchas veces. Son muy capaces de afrontar cualquier enfermedad y curar a los pacientes, incluso más que los médicos privados. De hecho, muchas veces los médicos privados van a los hospitales públicos para actualizar sus conocimientos y seguir estando en lo más alto de su especialidad.

Por eso, la mayoría de los ingresos hospitalarios de Sergito han sido en hospitales públicos. Cuando no era posible ir a un hospital público, por supuesto lo llevábamos a los privados.

Después de que Sergito llevara cuatro meses en el hospital, los médicos finalmente descubrieron la razón de la broncoaspiración. Tenía una hernia hiatal, que era la causa de la regurgitación severa que venía padeciendo desde que nació, y todo esto era consecuencia directa de su síndrome.

Pero, como les conté antes, debido al tiempo significativo que mi hijo tuvo que estar en el hospital, y debido a su debilidad, tuvo varias infecciones más, que le provocaron problemas muy grandes que varias veces lo pusieron al borde de la muerte. Odiábamos las noches en las que teníamos que dormir en la sala de admisión general sin posibilidad de ver a nuestro hijo, esperando constantemente que la voz que salía de los parlantes nos llamara por su nombre para decirnos que había muerto.

Pero así como empezó, así terminó. El director del hospital decidió darle el alta a mi hijo a pesar de que tenía una infección urinaria severa y fiebre de 41 grados. Dijo que prefería que nos ocupáramos de la infección y la fiebre en casa, porque de lo contrario Sergito seguiría enfermando y tal vez nunca saliera del hospital. Mientras llevábamos a nuestro hijo a la casa donde nos hospedábamos, hablamos de todos los problemas que había tenido durante esos meses en el hospital y coincidimos en que siempre que tienes que estar en un lugar público con tanta gente que está pasando por problemas, verás que siempre hay alguien con situaciones más grandes y circunstancias más difíciles que las tuyas.

Así que llevamos a nuestro hijo muy enfermo a la casa donde nos hospedábamos, con la esperanza de que se pusiera bien. Tenía mucha fiebre. Parecía que cada vez que Sergito salía de cualquier hospital estaba muy enfermo, y sin embargo luchó con todas sus fuerzas y sobrevivió, gracias a su increíble voluntad de vivir a pesar de sus limitaciones. Pasamos otras dos semanas de momentos muy duros en la Ciudad de México, pero al final, mejoró un poco y pudimos regresar a nuestro verdadero hogar en Monterrey y una vez más reanudar nuestra vida normal.

Por suerte, los siguientes dos o tres meses fueron tranquilos. Sergito no tuvo grandes problemas más allá de los problemas habituales que uno encuentra con un bebé muy recién nacido que tiene un síndrome no identificado. Al no tener tantas preocupaciones en esos meses, mi esposa y yo pudimos pasar algunas horas relajándonos y pensando en todo lo que había sucedido durante los últimos diez meses de nuestras vidas. Realmente tomamos estas conversaciones en serio. Además de poner en orden nuestras finanzas, organizar medicamentos y terapias y aprender más sobre todo lo que había sucedido, comenzamos a hablar sobre formas en las que podíamos compartir todo lo que habíamos aprendido para ayudar a otras familias en situaciones similares.

"Oye, presta atención a lo que nos dice el médico". Escuché la voz de mi esposa y sentí su codo en mis costillas, así que volví de mis recuerdos para escuchar al médico.

"¿En qué estás pensando?" preguntó mi esposa. "¿No te parece que ya es suficiente con que Sergito esté enfermo y que debemos enterarnos de todo lo que pasó en ese quirófano? No sueñes despierto, concéntrate en el aquí y ahora".

El médico finalmente respondió a nuestra pregunta sobre si Sergito podría comer normalmente. "Ahora está bien. Por supuesto, está muy sedado, por lo que tardará otras tres o cuatro horas en despertar. Tiene el esófago muy lastimado por todo el tiempo que tuvo que estar el endoscopio en él mientras destruíamos el hot dog. Por lo tanto, es posible que no pueda tragar fácilmente durante unos días, pero no es nada más que lo que le acabo de decir. Con el tiempo mejorará y volverá a comer como antes"

Luego agregó con voz suave pero firme: "¡Ah, por cierto! "Por favor, tengan mucho cuidado de que no se vuelva a comer un hot dog entero ni nada parecido, porque la próxima vez puede que no podamos sacárselo. Es mejor que lo mantengamos alejado de esos alimentos blandos".

Mi esposa y yo nos miramos y al mismo tiempo comenzamos a decirle al médico: "Tenemos mucho cuidado con lo que come nuestro hijo". Le explicamos que era difícil mantenerlo alejado de los alimentos malos porque a veces encontraba las cosas que le gustaban y se escondía en algún lugar para comerlas, incluso si se suponía que no debía hacerlo. Dijimos que trataríamos de ser aún más cuidadosos con eso.

Mientras esperábamos en la habitación del hospital donde Sergito se recuperaba, mi esposa y yo comenzamos a hablar sobre todo lo que había sucedido durante los primeros años de vida de nuestro hijo. Además, cinco años después de que naciera Sergio, tuvimos una niña, Maru, con el mismo síndrome, y sus problemas médicos, aunque no tan graves como los de Sergio, eran similares. De esos tiempos difíciles, habíamos aprendido algo sobre la forma de responder a la adversidad. No solo sobrevivimos, sino que transformamos los obstáculos y los malos momentos de nuestra vida en momentos de amor y alegría. Los tiempos difíciles nos habían dado razones para estar más cerca el uno del otro y crecer como personas. Debido a las dificultades, habíamos aprendido a abordar el matrimonio, la crianza de los hijos y la familia de una manera más consciente de lo que lo hubiéramos hecho de otra manera.

A pesar de todas las dificultades, éramos felices. No solo eso, nuestra visión del presente y el futuro cercano era optimista y brillante. ¿Cómo era posible todo esto?

Ya habíamos hablado de estas cosas antes –durante esos pocos meses de paz y calma después de la hospitalización de cuatro meses de Sergio, cuando parecía que se moría continuamente debido a una infección tras otra, y antes de la siguiente hospitalización.

Mi esposa y yo nos dimos cuenta de que nuestra increíble felicidad podía explicarse con cuatro palabras que, cuando realmente las tomas en serio y las prácticas todos los días, pueden cambiar todo y hacer que tu vida y la de todos los que te rodean sean mucho mejores. Creo que estas cuatro palabras pueden convertir los obstáculos y los problemas en oportunidades y nuevos paradigmas también para los demás. Pueden llevarte a la felicidad y al éxito, si eso es lo que quieres, o al menos ayudarte a cambiar el dolor y el sufrimiento por calma, paz y aceptación –porque hay mucho más que esta vida y sus problemas.

Y esas cuatro palabras que habíamos estado practicando –al principio sin saberlo, y luego con la intención real de ponerlas en práctica todos los días y en cada momento– son:

1. AMOR
2. COMUNICACION
3. HUMOR
4. FE

Si te amas a ti mismo por completo, si amas a tu familia, a tus compañeros de trabajo y a todos los que te rodean... si sabes comunicarte, comunicarte de verdad con todos ellos... si disfrutas de tu vida y encuentras motivos para reírte en todos sus aspectos, incluso en los problemas... y si tienes fe en que todo va a estar bien y aceptas con alegría y esperanza lo que el universo piensa que es mejor para ti, incluso mientras luchas con todas tus fuerzas para conseguir lo que crees que es mejor para ti... entonces lo lograrás, tendrás una vida mejor, estarás rodeado de personas cariñosas y atentas y, lo más importante, serás realmente feliz.

En los próximos capítulos, te mostraré ejemplos de mi familia y otras familias que ponen en práctica las cuatro palabras. Espero que los ejemplos te convenzan de la verdad de lo que estoy diciendo y que veas formas de aplicar estas palabras a tu vida para obtener la felicidad y los resultados que deseas –para ti y para tus seres queridos.

Si necesitas algo en particular relacionado con una de las cuatro palabras, puedes pasar a ese capítulo específico, porque cada uno de los capítulos siguientes es independiente de los demás. También puedes buscar una palabra específica en las historias y leer las partes de las historias donde se aplica esa palabra. Sin embargo, creo que la mejor manera de hacerlo es leer todo el libro para poder implementar las cuatro palabras. Sea cual sea la forma que creas que es mejor para ti, simplemente hazlo y verás los resultados de inmediato.

CAPÍTULO CUATRO

DOCTOR POR UNA NOCHE

"¡Doctor! ¡Doctor!" Una enfermera había llegado corriendo hasta donde yo estaba sentado, gritando a todo pulmón y tirando de mi brazo para despertarme.

"¿Qué está pasando?" pregunté con voz soñolienta, tratando de despertarme de un sueño muy agitado.

"Doctor, doctor" repetía la enfermera, "Jandra se está desangrando. Necesitamos que venga a ayudarla."

"¿Qué?" susurré. "¿Qué quiere decir con ´venga a ayudarla´?" No podía entender por qué me pedía ayuda.

"Sí, doctor, Jandra se está desangrando. Debería venir a ayudarla e intentar detener la hemorragia. ¿Qué quiere que hagamos?" continuó la enfermera. Estaba esperando que yo diera órdenes para ayudar a Jandra. Sentí por la mirada en sus ojos que la enfermera también estaba desesperada porque yo le quitara la presión y la responsabilidad en esta situación precaria.

Finalmente, estaba completamente despierto, pero aun así, nada tenía sentido para mí. Me preguntaba constantemente en mi cabeza si tenía alguna respuesta a estas preguntas:

¿Por qué esta enfermera me llama doctor? No soy doctor; soy el padre de uno de los pacientes graves del hospital. De hecho, la cama de mi hijo estaba al lado de la cama donde estaba esta niña, Jandra.

¿Por qué esta enfermera espera que yo me haga cargo de lo que estaba pasando en esa sala del hospital?

Y por último –esta pregunta era para mí– ¿qué se suponía que debía hacer en esta situación?

Un mes antes, habíamos llevado a Sergio, de dos años, al hospital una vez más porque su esófago se había cerrado por completo. El reflujo ácido causado por su síndrome lo había quemado y no podía tragar nada, ni siquiera su propia saliva, por lo que necesitaba una cirugía para abrirlo y poder comer de nuevo.

Así que lo operaron. Tuvo algunas complicaciones, algunas muy graves y otras muy fáciles de resolver, lo que significó otro mes en el hospital. Ese fue el comienzo del camino que me llevó a este problema que ahora tenía. Como nuestro hijo no se estaba muriendo, nadie podía quedarse con él por la noche. No sé por qué los médicos pensaban que no era necesario que los pacientes graves tuvieran a alguien con ellos por la noche. Cuando tu ser querido está en un estado realmente grave, incluso si no se está muriendo, aun así, quieres estar con él.

De todos modos, a pesar de esta regla mi esposa y yo todavía queríamos estar con nuestro hijo las veinticuatro horas del día siempre que fuera posible. No nos preocupaba nuestra propia fatiga después de más de un mes de espera fuera de la UCI mientras Sergio se recuperaba de la cirugía. No nos importaba si teníamos que dormir en una silla frente a su cama o afuera en el pasillo. No nos importaba si comíamos o no. No nos importaba en absoluto nuestra comodidad; solo nos importaba estar con nuestro hijo para poder verlo mejorar y ayudarlo, si podíamos, con cualquier cosa que necesitara.

Debido a las muchas veces que nuestro hijo ya había estado en este hospital, la mayoría del personal nos reconocía a mí y a mi esposa. Pero no todas las enfermeras y los médicos sabían que no éramos médicos. Nos veían revisar minuciosamente su historial médico –que entendíamos bien, pues habíamos escuchado los términos y expresiones médicas tantas veces– y asumían que éramos médicos. Como resultado, no nos pedían que nos fuéramos por la noche, y esa fue la solución a nuestro problema. Pero déjenme aclarar, nunca le dijimos a nadie que éramos médicos. Simplemente no los corregimos cuando nos llamaban Doctor. Y muchos, si no la mayoría, del personal del hospital lo hizo.

Así que ahí estaba yo a las tres de la mañana de ese día en particular, sentado en el sofá frente a la sala del primer piso del hospital. Había estado observando a mi hijo desde esa posición porque no había sillas dentro de la sala, ya que era una sala general. Debido a la hora, me había quedado dormido, agotado por todo el tiempo que pasé en el hospital y las diversas situaciones estresantes relacionadas con la salud de nuestro hijo. Y fue entonces cuando la enfermera vino corriendo hacia mí, gritando:

"Doctor, Doctor, Jandra se está desangrando. Necesitamos que venga a ayudarla".

Mi primer impulso, una vez que estuve completamente despierto, fue salir corriendo y no mirar atrás, porque yo no era médico en absoluto y no iba a poder hacer nada para ayudar a esta jovencita.

Jandra, una niña de trece años, estaba enferma de un síndrome de inmunodeficiencia adquirida. Pero no se trataba del tipo de SIDA del que todos hemos oído hablar, el que causa el virus llamado VIH. Más bien, estaba enferma porque en su pobre, muy pobre, casa, su madre usaba pesticidas para mantener a raya a todos los bichos, cucarachas y ratas. Como Jandra seguía inhalando este pesticida, perdió su sistema inmunológico, que es precisamente lo que es el SIDA.

Esta niña, de apenas trece años, se estaba muriendo, desangrándose en las últimas horas o minutos de su existencia, y se podía ver el miedo en sus hermosos ojos oliva, porque estaba sola y sabía que se estaba muriendo y nadie podía hacer nada para ayudarla.

Su pequeño cuerpo, consumido por su enfermedad, estaba famélico. Se podían ver los huesos de sus brazos y manos a través de su piel color gris. Sus piernas estaban envueltas en capas de ropa, ya que su piel ya no podía mantenerla caliente. Se notaba que había sido una niña hermosa cuando estaba sana. Sus ojos almendrados con su asombroso color oliva aún tenían algo de brillo cada vez que tenía algo de qué reír o al menos sonreír.

Su cabello se había caído casi por completo, dejando solo unos pocos mechones sin vida, y sus pómulos eran prominentes porque quedaba poco o nada de músculo en ese rostro asustado, aniñado y moribundo.

Después de mirar sólo un segundo esos ojos aún hermosos, pude ver que me pedían que estuviera con ella y le diera un poco de consuelo para que al menos no muriera sola. Sin dudarlo, le grité a la enfermera: "Soy médico terapeuta; no sé cómo ayudarla con medicamentos ni qué necesita". Lo dije porque no quería perder el privilegio de quedarme con mi hijo por la noche, pero al mismo tiempo, tenía que hacerle saber a esta enfermera que tenía que conseguir un médico de verdad para ayudar a Jandra.

"Me quedaré con ella para consolarla y tratar de detener el sangrado. Mientras tanto, llama al médico para que la atienda". Terminé con una orden: "¡Traigan al médico! ¡Ahora! ¡VAYAN!".

Me alejé de la enfermera sin esperar una respuesta de ella y caminé hacia la cama de Jandra. Tomé su mano entre mis dos manos y acaricié sus dedos suavemente para calmarla, y le hablé muy suavemente con palabras cariñosas y reconfortantes, todo mientras la miraba a los ojos, que estaban increíblemente tristes y llenos de lágrimas.

"Jandra", le dije, "estoy aquí contigo. Nuestro Señor está contigo y vas a ser feliz con Él por toda la eternidad".

Ella dijo: "Pero voy a morir y nunca más podré ver a mi mamá y a mis hermanitos". Ahora estaba llorando.

"No te preocupes por ellos", le dije. "Vas a estar al lado de Dios, así que serás un ángel guardián para ellos y los cuidarás directamente con Nuestro Señor".

Su rostro delgado estaba justo frente a mí, y podía ver que su miedo comenzaba a desvanecerse lentamente, porque estaba sintiendo el amor que yo sentía por ella, y seguí diciéndole todo lo que podía para consolarla y hacerla sentir amada.

De repente, llegó un médico y me ordenó de tajo, sin ningún tipo de consideración: "Aléjate de ella. Tiene SIDA y podrías contagiarte por su contacto si su sangre entra en contacto con alguna abertura de tu piel".

Inmediatamente, Jandra parecía temerosa y trató de retirar su mano de la mía. Mantuve su mano firmemente en la mía y le dije: "No te preocupes, pequeña. No me va a pasar nada. Te amo y Dios estará con nosotros dos ahora, porque eres un ángel y pronto estarás con Él para cuidarme también".

El médico y la enfermera me miraron como si estuviera completamente loco. Simplemente me miraron y luego se miraron entre ellos y me volvieron a mirar a mí, incapaces de entender lo que estaba diciendo. Luego dirigieron su atención a tratar de detener la hemorragia de Jandra.

Pero la niña entendió lo que dije. Entendió que el amor verdadero e incondicional por otro ser humano es posible sin remordimientos ni vacilaciones, y en ese momento, también entendí que el amor, cuando se transforma en acción, es una de las palabras más poderosas que tenemos para hacer de nuestro mundo un lugar mejor.

La voz de la enfermera me sacó de mis pensamientos: "Doctor, ya puede soltarle la mano, está muerta, no se puede hacer nada más por ella, murió tranquila y parece que usted minimizó su sufrimiento". Entonces la enfermera se dio la vuelta y se alejó para atender los trámites necesarios.

Volví a mirar el rostro joven de Jandra. Se veía tranquila, sus rasgos relajados. Se notaba que, al final, había sentido el verdadero amor que yo quería que absorbiera. Había comprendido que iba a ser un ángel y que siempre tendría el amor que su madre y sus hermanos sentían por ella aunque ya no pudieran expresarlo como lo habían hecho en el pasado, y sabía que estaría pendiente de todos ellos desde su lugar en el cielo junto a Nuestro Señor.

Me sentí muy triste y devastado porque una niña muy joven acababa de morir, pero al mismo tiempo, me sentí agradecido con Dios por darme la oportunidad de darle a esta niña un poco de paz y mucho amor al final de su existencia, llenando sus últimos momentos de amor y consuelo para que pudiera morir en paz, sintiéndose amada y no sola.

Para mí esta fue una experiencia muy importante. Aprendí que si te amas lo suficiente como para hacer lo que crees que es correcto, incluso en los momentos más difíciles de tu vida, podrás dar amor a tu prójimo y recibir amor a cambio, y, al hacerlo, darás pasos enormes para hacer de este mundo un mundo mejor para todos.

LA PRIMERA PALABRA:

AMOR

El amor es la primera de las cuatro palabras que, al ponerlas en práctica, nos permitieron a mi esposa, a mis dos hijos y a mí vivir una vida perfecta, incluso después de las peores predicciones sobre las posibilidades de supervivencia de mi hijo. **(Recuerde que los médicos le dieron no más de tres meses de vida.)**

CAPÍTULO CINCO

EL MALENTENDIDO
DE UNA ABUELA

La anciana llevaba casi dos horas llorando. Estaba sentada al lado de un bebé que yacía enfermo en la cama junto a la de Sergito. Mi pequeño dormía –o mejor dicho, intentaba dormir.

Eran las tres de la mañana, pero todas las luces de la sala general del hospital público estaban encendidas, como siempre lo están en los hospitales públicos. Nunca había entendido cómo demonios pensaban los médicos que los pacientes podían dormir con las luces encendidas. Entre las luces y el llanto de la anciana, yo no había conseguido dormir más de veinte minutos seguidos. Lo mismo les pasaba a la mayoría de los internos de la sala general.

Sergito llevaba casi un mes acostado en esa cama, recuperándose de una de las muchas cirugías a las que ya se había sometido en su joven vida. Tenía siete años, mucho más allá de la esperanza de vida que los médicos habían predicho cuando nació.

Durante las dos primeras semanas después de esta última cirugía, Sergito había estado en la UCI, casi muriendo, rodeado de los aparatos mecánicos y eléctricos que lo mantenían con vida. Gracias a Dios, tenía unas ganas increíbles de vivir. Finalmente, lo trasladaron a la sala general para que se recuperara. Ya llevaba allí casi un mes, viendo llegar, mejorar y marcharse a muchos otros pacientes. Afortunadamente, se estaba fortaleciendo y sanando bien. Fue un proceso muy lento y muy doloroso, pero al menos estaba mejorando y teníamos la esperanza de que iba a vivir y salir del hospital en un futuro próximo.

Por eso, al oír a esta señora llorar y sollozar toda la noche, haciendo imposible que nadie más pudiera dormir un poco, ya se podrán imaginar cómo me sentí.

Pensé: *no sé por qué llora tanto.* De alguna manera, el bebé dormía plácidamente a pesar del llanto de la señora y no parecía estar gravemente enfermo. Además, estaba en una sala general donde se suponía que los pacientes iban mejorando. Pero yo no sabía nada de sus circunstancias, así que tal vez mis suposiciones eran completamente erróneas. Decidí acercarme a la mujer que lloraba y preguntarle por qué estaba tan desconsolada y, tal vez, darle un poco de apoyo simplemente hablando con ella y escuchando sus preocupaciones.

Me levanté de mi silla, caminé hacia ella y le pregunté: "¿Eres su cuidadora?".

"No", respondió, volviendo su rostro lloroso hacia mí. Sus ojos ya estaban rojos e hinchados por el tiempo que había estado llorando. "Es mi nieto".

"¿Está muy enfermo? ¿Qué le pasa? ¿Por qué lloras tanto?". Quería entender qué estaba pasando con este pequeño bebé. Todavía estaba durmiendo y respirando pacíficamente, a pesar del llanto de su abuela –a diferencia de la mayoría de los demás en la sala, que estaban completamente despiertos y escuchando mi conversación con la mujer.

Se tomó un poco de tiempo para estornudar en su pañuelo. Después de secarse los ojos, me miró y respondió: "Tiene neumonía. Ha estado muy enfermo y no podía respirar". Comenzó a llorar nuevamente. Sollozando, terminó: "Tuvieron que traerlo aquí esta mañana".

"Está bien", dije con mi sonrisa más amable y comprensiva. "Pero los médicos lo han visto y le han dado la medicina que necesita, ¿es así?"

"Sí, por supuesto, pero mi pobre bebé, está muy enfermo". Y la mujer comenzó a llorar aún más fuerte que antes.

Sonreí muy amable y compasivamente. "Vamos", dije, "se va a curar. Los médicos ya lo han visto y le han dado la medicina que necesita. La neumonía es casi 100 por ciento curable hoy en día, así que no tienes que llorar por él". Esta abuela claramente amaba a su nieto, tanto que se sentía terrible porque tenía una enfermedad que se sabe ampliamente que es curable, a diferencia de algunos de los otros en la sala que tenían enfermedades más graves, algunas de ellas incluso mortales.

Pero allí estaba ella, llorando incesantemente, y su nieto comenzaba a inquietarse al escucharla. "Pero le operaron del corazón y ha estado muy enfermo", logró decirme entre sollozos.

Eso me golpeó muy fuerte en los sentimientos, porque hay una gran diferencia entre alguien que tiene neumonía que se puede curar con antibióticos y alguien que la tiene después de una cirugía de corazón, que es una operación importante con muchas complicaciones potenciales durante la recuperación. Pensé en lo desconsiderado que había sido y decidí cambiar mi forma de hablar con esta abuela.

Le pregunté: "¿Y cómo está? ¿Hace cuánto tiempo que lo operaron?".

Ella dejó de llorar por un momento. Después de sonarse la nariz y limpiarse la cara con su pañuelo, me respondió: "Lo operaron del corazón cuando tenía un mes y medio".

"¿Y cuántos años tiene ahora?", le pregunté.

"Casi tres", dijo.

Me gustaría poder decirles que reaccioné con calma cuando me dijo la edad de su nieto. Me gustaría poder decirles que tuve pensamientos tiernos, como lo maravilloso que era que ahora estuviera completamente curado, o lo grandioso que era que Dios le hubiera dado a él y a su familia la oportunidad de tenerlo vivo y bien durante casi tres años. Pero eso sería una mentira. Me sentí enojado, así que volví a mi asiento.

En ese preciso momento, el bebé se despertó, miró a su abuela y, al verla completamente cubierta de lágrimas, comenzó a llorar también y no pudo detenerse.

Inmediatamente, la abuela dejó de llorar y se acercó al bebé con un amor y una ternura asombrosa, lo tomó en brazos y comenzó a consolarlo cantándole una canción de cuna. En menos de quince minutos, estaba dormido nuevamente.

La mujer lo volvió a poner en su cama, moviéndose lentamente y teniendo cuidado de no despertarlo nuevamente. Luego se sentó a su lado en la misma silla en la que había estado toda la noche. Se inclinó hacia su nieto, apoyó la barbilla en el pasamanos de la cama y comenzó a llorar nuevamente.

Me levanté de inmediato de mi silla y caminé hacia la anciana. Realmente me gustaría poder decirle que fui amable y paciente con ella, ¡pero no! Estaba realmente enojado porque esta abuela no entendía lo que acababa de suceder. Estaba enojado porque seguía haciendo lo incorrecto para ella misma, para su nieto y para todos los demás pacientes de la sala.

"Será mejor que deje de llorar" dije con voz áspera y más enojo del que hubiera querido expresar.

"¿Qué?" dijo. Parecía molesta por lo que había dicho en lugar de entender por qué lo había dicho. Siguió tratando de decir: —Mi nieto está enfermo y yo...

Me puse frente a ella y no la dejé continuar. "Deje esa tontería" le espeté. Luego retiré mi enojo y traté de hacerle entender su error. "Sé que su nieto está enfermo y entiendo cómo se siente, pero ¿no cree que todos en esta sala tienen un pariente muy cercano que está enfermo y que también se sienten desconsolados y angustiados porque sus familiares están aquí en lugar de disfrutar de la vida afuera?"

Se limitó a mirarme.

Seguí, "Todos estamos tristes, algunos más que otros, dependiendo de lo enfermo que esté su ser querido. Todos queremos llorar, pero puede ver que la mayoría de nosotros no lo hacemos. Al contrario, tratamos de reírnos y hacer que este momento horrible para nuestros hijos sea lo mejor posible. Entiendo que a su nieto lo operaron del corazón, lo que estoy seguro que fue un gran problema, pero eso fue hace casi tres años. A estas alturas ya está completamente curado de esa operación y felizmente recuperado de ella. Así que debería olvidarse de eso, como ya lo ha hecho su nieto".

"Pero yo…" protestó ella.

Levanté la mano. "No", dije, "no diga nada. Solo escuche lo que le estoy tratando de decir. Su nieto está luchando por curarse de la neumonía, pero cree que está fracasando porque cada vez que la ve, está llorando. Su llanto le hace pensar que no se va a curar".

"Pero no quise decir eso…", trató de explicar.

Terminé mi discurso. "Entonces, mejor debería reírse, contarle historias felices para que la vea contenta, y entonces entenderá que todo va a estar bien. Eso hará que se mejore antes que verla triste y llorando. ¿Entiende lo que estoy diciendo? Recuerda, es él quien está enfermo y luchando y sufriendo, no Usted". Me miró con una expresión seria en su rostro. Por primera vez en toda la noche, estaba completamente tranquila y no lloraba. Me dijo: "Lo siento. Ahora entiendo que mi comportamiento no fue lo mejor para mi nieto. "Simplemente estaba dejando salir mis sentimientos, pero la comunicación que le estaba dando era incorrecta. No entendí lo que le estaba diciendo con mis lágrimas. Pensé que él podía sentir que estaba triste porque estaba enfermo, pero lo que me acabas de decir me hizo entender. Gracias por eso, hijo". Una pequeña sonrisa apareció en su rostro triste. Luego se puso seria de nuevo. "Pero no deberías habérmelo dicho con ese tono de voz, jovencito. Recuerda que soy mayor que tú y tienes que respetarme".

Bajé la cabeza, Le di mis disculpas, y volví a mi asiento para ver a mi hijo dormir.

Al final, ella tenía razón. No debería haber levantado la voz. Pero ella entendió lo que quería decirle y todos los demás en la sala pudieron dormir un poco esa noche.

LA SEGUNDA PALABRA:

COMUNICACIÓN

La comunicación es la segunda de las cuatro palabras que nos permitieron a mi familia y a mí afrontar los desafíos que nos planteó el síndrome grave de mi hijo y llevar una vida plena a pesar de las predicciones de los médicos de que le quedaba una esperanza de vida limitada. **(Recuerde que los médicos le dieron no más de tres meses de vida.)**

CAPÍTULO SEIS

RIÉNDOSE AL LÍMITE

La risa de José resonó en todo el primer piso del hospital público.

Empezó a gritar con todas las fuerzas de sus pequeños pulmones: "¡Ahí viene Bello Pongo! ¡Ahí viene Bello Pongo, oigo su andar ruidoso!".

En México, todas las personas tienen dos apellidos. El primero es el apellido del padre y el segundo el de la madre. Así que el nombre completo de mi hijo era Sergio Bello Pombo, pero en el habla infantil de José, Pombo era "Pongo". Así que siguió gritando a todo el mundo, quisieran oírlo o no: "¡Ahí viene Bello Pongo, ahí viene Bello Pongo, lo oigo andar ruidosamente!".

Y era cierto: Sergito (el diminutivo de Sergio) y yo acabábamos de entrar al hospital. El síndrome de mi hijo le provocaba regurgitación y el ácido del estómago le había quemado el esófago. Ese día teníamos una cita para que le revisaran el esófago y averiguaran si estaba sanando bien o si era necesaria una cirugía.

José era, en ese momento, un niño de no más de seis años. Mi hijo y yo lo habíamos conocido en el hospital durante una de sus muchas estancias debido a sus múltiples enfermedades. Habíamos llegado a querer a José por su alegre amor a la vida a pesar de todo el dolor y los problemas que había experimentado con su familia.

Provenía de una familia destrozada. Su padre, alcohólico, golpeaba a su madre todo el tiempo hasta que murió a causa del alcohol. Luego, el abuelo de José tomó el lugar del padre como autoridad en la familia, y la actitud del abuelo era más de ira que de amor, y, lamentablemente, comenzó a golpear a la madre y también a José.

Su madre no hizo nada para detener las palizas ni para defender a José de su abuelo, por lo que esto continuó durante mucho tiempo, hasta que un día, por desgracia para José, el abuelo llegó a casa completamente borracho cuando José estaba solo y durmiendo en su cama. Su casa, si se le puede llamar así, era una caja de cartón de no más de cuatro metros cuadrados en la que toda la familia: la madre, los tres hijos y el abuelo, tenía que vivir. Entonces llegó el abuelo, borracho y completamente fuera de sí, derribando ruidosamente todo lo que encontraba a su paso. Cuando llegó al cuerpo dormido de José, comenzó a golpearlo y a desnudarlo. José se defendió con todas las fuerzas que tenía en su pequeño cuerpo, golpeándolo, arañándolo y gritando por ayuda, pero esta pequeña casa estaba al final del barrio más pobre de la ciudad, y nadie lo escuchaba, o, más probablemente, nadie quería involucrarse en este tipo de situaciones. Así que, finalmente, con un golpe muy fuerte en la cabeza, el abuelo dejó inconsciente a José, y luego terminó de desnudarlo y lo violó.

A partir de entonces, cada vez que este hombre llegaba a casa, generalmente completamente borracho, maltrataba a José y le obligaba a hacer cosas que no quería hacer, y José tenía que obedecer, temiendo que lo golpearan severamente si no hacía todo lo que su abuelo le pedía.

José le rogó a su madre que lo ayudara, pero ella al principio no le creyó. Entonces, un día, llegó a casa temprano y encontró al abuelo haciendo todas esas cosas desagradables. Pero en lugar de detenerlo y echarlo de la casa, simplemente se dio la vuelta y le permitió hacer todas esas cosas, una y otra vez.

José era un niño increíblemente alegre a pesar de todos estos problemas. Disfrutaba de todas las cosas buenas que tenía y era feliz con su vida cuando no lo molestaban. Y nunca pensó que su madre fuera cómplice de su abuelo; al contrario, le demostró todo el amor y cariño que sentía por ella.

Así que, ese día, cuando mi hijo Sergio finalmente entró en la habitación del hospital, José corrió a abrazarlo y gritó: "¿Cómo estás, Bello Pongo? ¡Te extrañé todo este tiempo, amigo mío!" –gritando para que todos en el hospital pudieran escucharlo.

Mi hijo no podía hablar, así que simplemente abrazó a José de una manera muy tierna, demostrando todo el amor que sentía por él.

"Mamá, mamá", gritó José, "¡Sergio acaba de abrazarme! ¡Me ama, me ama!". Luego José salió corriendo, saltando y riendo por los pasillos del hospital.

Todos los médicos, pacientes y familiares que conocían la historia de José estaban completamente asombrados por su amor por la vida y el disfrute que le daba a todo, incluso después de todos los problemas que había tenido que superar.

Por las palizas y los maltratos que su abuelo había infligido a su pequeño cuerpo, José estaba perdiendo la vista. Finalmente, los médicos demandaron al abuelo para obligar a las autoridades a llevarlo ante la justicia o al menos ordenarle que se alejara de José.

En ese momento de su vida, perdiendo la vista y teniendo todos estos grandes problemas con su abuelo, José era un ejemplo increíble de cómo disfrutar de la vida, mostrando todas las cosas buenas que podemos disfrutar a pesar de todo lo que nos aflige.

"Mamá, mamá", gritó José, "¿puedo jugar con Bello Pongo? ¿Puedo? ¿Puedo?"

"Sí, José, claro que puedes jugar con Sergio", respondió su

madre, riendo de alegría por lo feliz que estaba de poder jugar con Sergito. "Pero ten cuidado. Sabes que él no puede jugar contigo como lo hacen los demás niños. Es un niño especial y tiene algunos problemas con sus movimientos, por lo que hay que ser muy cuidadoso con él".

Observé a José y a mi hijo muy de cerca cuando empezaron a jugar juntos. José era muy amable con Sergio, actuando como el hermano mayor, pero riéndose todo el tiempo y disfrutando mucho de la oportunidad de jugar con alguien a quien podía cuidar en lugar de que lo cuidaran a él.

Después de haber jugado juntos durante varias horas, Sergio y yo tuvimos que salir del hospital. Estábamos muy tristes porque no sabíamos si volveríamos a ver a José y disfrutar de su risa y alegría de por vida.

Algunos meses después, volvimos al hospital para el chequeo habitual de Checo y esperábamos poder ver a José de nuevo. Estábamos esperando oír sus gritos y risas cuando llegáramos al hospital, pero no hubo ningún alboroto. Le pregunté al médico qué le había pasado a José y me dio la mala noticia de que José había muerto.

Una noche, a pesar de la orden de alejamiento que había estado en vigor durante varios meses, su abuelo llegó a la casa y encontró a José solo. La madre de José se había ido a trabajar. El abuelo entró en la casa y golpeó a José hasta que, finalmente, Dios se llevó al niño a su gloria y lo dejó descansar de todo ese dolor y horror.

Cuando pienso en José, siempre sonrío, recordando su rostro infantil, su risa ante todo lo que le parecía divertido y la alegría que ponía en todo lo que hacía en su vida. Nunca se resintió por las pruebas que Dios le enviaba y realmente disfrutaba de estar vivo a pesar de todo su sufrimiento.

Para mí, esta es una lección muy importante. Aprendí que

incluso si tienes problemas, aún es posible disfrutar de las cosas buenas de tu vida y apreciar a las personas que te quieren. Si pones humor en tu vida y disfrutas la vida como es a pesar de tus problemas, incluso podrías encontrar una manera de resolver esos problemas. Por lo menos, serás más feliz y la vida será más placentera.

Todavía puedo escuchar la felicidad en la voz de José mientras ríe y grita con todas las fuerzas de sus pulmones: "¡Ahí viene Bello Pongo, ahí viene Bello Pongo, puedo escucharlo caminando afanosamente!"

LA TERCERA PALABRA:

HUMOR

El humor es la tercera de las cuatro palabras que, cuando mi familia y yo las pusimos en práctica, nos permitió superar los problemas asociados con el síndrome mortal de nuestro hijo y disfrutar lo mejor de nuestras vidas, aprovechando al máximo la existencia muy buena que nuestro Señor nos dio el privilegio de gozar. **(Recuerde que los médicos le dieron no más de tres meses de vida.)**

CAPÍTULO SIETE

DE REGRESO A CASA

El cirujano tardó más de cinco horas en deshacer y sacar el hot dog que nuestro hijo Sergio se había tragado entero en su ansia de "comer como el resto del mundo". Al final de la tarde del día siguiente, por fin pudimos llevar a Checo a casa desde el hospital. Le dolía todo el esófago por la endoscopia, pero estábamos felices de que todo hubiera salido bien. "Por fin nos vamos a casa, Chequito, mi pequeño", le dijo mi esposa a nuestro hijo con una voz tan amorosa que Sergio solo la miró y se puso a dormitar en su regazo.

"Debemos tener mucho más cuidado con Checo y sus comidas, sobre todo cuando sale a otros lugares fuera de nuestra casa", comenté.

"Sí", dijo mi esposa. "Tenemos que asegurarnos de que cuando no estemos con él, tenga alguien que lo cuide bien, alguien que vigile lo que hace y no lo deje comer algo que no debe, como hizo esta vez". Ella lo dijo con una mirada pícara en su rostro, como si fuera cómplice de este pequeño.

Y así encontramos a alguien que cuidara de Sergio todo el tiempo. No hubo otros eventos adversos por un buen rato, lo que me dio el espacio que necesitaba para recordar algunas de las cosas que Chequito tuvo que superar para sobrevivir.

Como he mencionado, la razón por la que tuvo tantos problemas con su esófago –en realidad, parte de su esófago y parte de su colon– fueron quemaduras severas por el ácido del estómago debido a la regurgitación causada por su síndrome genético.

Cuando nació, nos dijeron que viviría solo tres meses. Sin embargo, siguió viviendo. A medida que pasaba el tiempo, tuvo que ir a varios hospitales debido a su síndrome. La mayoría de esas veces, todos esperaban que no sobreviviera.

Como estoy seguro de que recuerdan, cuando sólo tenía cuatro meses, lo encontré muerto en su cuna y tuvimos que llevarlo rápidamente al hospital de niños para reanimarlo y recibir atención urgente. Después de esa crisis, tuvo que ser hospitalizado durante cuatro meses. Después, tuvo un problema recurrente en el que se le cerraba la garganta completamente, haciéndolo incapaz de tragar nada, ni siquiera su propia saliva. A veces, esto incluso le dificultaba la respiración. Cada vez que esto sucedía, los médicos tenían que operarle para abrirle el esófago.

Finalmente, su médico en el hospital infantil –el médico que lo atendió durante más de veinte años– dijo: "Se merece comer bien". Nos explicó que el esófago de Sergito estaba tan marcado por todas las quemaduras y cirugías que la próxima vez que se cerrara, podría ser imposible abrirlo de nuevo.

"Realmente se merece comer bien y disfrutar de sus comidas", dijo nuevamente el médico. "Es hora de hacerle una operación para reconstruirle el esófago para que pueda comer con normalidad, o casi normalmente". Este médico tenía una forma muy extraña de ser serio y casi desagradable con los padres, pero realmente cariñoso con sus pacientes.

"Además", continuó el médico, "se acerca rápidamente un momento en el que yo no estaré aquí, y ¿quién sabe quién más podría realizar una reconstrucción de emergencia? Así que es mejor que decidan hacerlo ahora, mientras yo estoy aquí y hay tiempo para hacerlo con calma y preparación". Así concluyó su larguísimo discurso dirigido a nosotros como padres de Sergio, instándonos a decidir rápidamente sobre una cirugía aterradora que era necesaria para que nuestro hijo pudiera vivir una vida mejor.

Después de que el doctor terminó de hablar, mi esposa y yo nos miramos y le dije al doctor: "¿Nos puede dar un tiempo para tomar una decisión?".

Él respondió: "Está bien, pero sólo dos semanas, no más". Y con eso, dio por terminada la conversación y salió de la sala de espera.

Nos quedamos allí sentados con todo tipo de pensamientos entrando y saliendo de nuestras mentes, queriendo tomar la mejor decisión para nuestro hijo, pero temiendo que no superara la operación –que, por cierto, el doctor nos había dicho que Sergito tenía sólo un 5 por ciento de posibilidades de sobrevivir.

Así que regresamos a nuestra casa y a la vida normal que teníamos con nuestro hijo. Tratamos de no pensar en la conversación con el médico, como si al hacerlo pudiéramos retrasar la decisión final. Pero el tiempo fue pasando, como siempre pasa, y de repente las dos semanas que nos había dado para decidir se acabaron y todavía teníamos que tomar esta decisión tan difícil y dolorosa.

Finalmente, concertamos una cita para llevar a Checo de nuevo al médico y aceptar la cirugía. Aun así, esperábamos que todo mejorara y que no fuera necesaria ninguna cirugía después de todo.

Entonces, fuimos a la cita con Checo, y el doctor dijo: "Está bien, entonces procederemos con la cirugía. Aquí está la orden de ingreso al hospital para que la firmes. Vamos a ingresarlo inmediatamente a la habitación y prepararlo para la cirugía mañana por la mañana".

Mi esposa y yo nos miramos y dijimos, casi al unísono: "¿Ahora mismo, doctor? ¿Puede esperar hasta principios de la próxima semana?".

El doctor respondió con su habitual rudeza: "No, de ninguna manera. Si les doy más tiempo para pensarlo, van a cambiar de opinión, y es muy importante que procedamos con la operación ahora mismo. Este es el mejor momento, porque todavía no es una emergencia y podemos planificarlo más cuidadosamente posible".

Entonces, como recomendó, hospitalizamos a Sergio en el hospital público para que fuera operado al día siguiente si era posible.

El doctor nos dijo que la operación de Sergio comenzaría muy temprano en la mañana, y que tenía que ayunar durante al menos doce horas, por lo que no podía comer nada en absoluto después de su cena temprana, alrededor de las seis de la tarde. Pero su madre, como todas las madres, estaba preocupada de que su pobre bebé no pudiera dormir bien si tenía el estómago vacío, y quería que llegara contento a la cirugía. Además, no estaba segura de si iba a salir de la operación. Así que decidió darle una deliciosa sopa de frijoles negros y fideos, que era uno de los platos preferidos de Sergito, a eso de las ocho o nueve de la noche. ¡Imagínense! Afortunadamente, no experimentó vómitos, que es la complicación que el ayuno pretende prevenir.

Y llegó el momento, inexorablemente, como siempre ocurre, de la cirugía, muy difícil y peligrosa. Las enfermeras llevaron a nuestro pequeño, Sergio, a la sala de cirugía para hacerle la transposición de colon, o eso creíamos.

Pero, en el último momento, el médico decidió cambiar el plan. En lugar de hacer una transposición de colon, cortó la parte quemada del esófago, movió el estómago hacia arriba y lo volvió a conectar a la parte buena del esófago.

Esa descripción del plan quirúrgico hace que la cirugía parezca fácil y realizable en un tiempo relativamente corto, pero no fue así. La intervención duró casi diez horas, lo cual fue absolutamente terrible para mi esposa y para mí porque no sabíamos qué estaba pasando y nadie vino a informarnos de cómo iba, ni siquiera una palabra. Así que nuestros pensamientos oscilaban continuamente de "Todo está bien; es solo una operación muy difícil" a "Algo debe estar mal y están tratando de arreglarlo" y viceversa, una y otra vez. La espera fue realmente muy dura.

Después de esas tremendas diez horas de vacilar entre esos dos pensamientos, sin saber cuál era correcto y cuál no, finalmente vimos salir al médico. Sonreía levemente y nos dijo, hablando con mucho cuidado y suavidad: "Hicimos todo lo que pudimos; creo que estará bien, pero tendremos que esperar setenta y dos horas para estar seguros. Estará en cuidados intensivos para observación. Tiene dos catéteres en el abdomen para drenar sangre, pus o cualquier otro líquido que necesite ser expulsado de su cuerpo después de este tipo de operación".

Entonces, Sergito fue llevado a terapia intensiva y estuvimos a su lado todo el tiempo que el hospital nos permitió. Cuando no podíamos estar con él, esperábamos afuera de la unidad, turnándonos para ir a comer o tomar una ducha muy rápida.

Y el tiempo pasó tremendamente lento, segundo a segundo, minuto a minuto, los minutos se convirtieron en horas y, finalmente, las horas se convirtieron en días, hasta que el médico regresó a nosotros el viernes por la mañana con una mirada brillante en los ojos y nos dijo:

"Sergio está bien. Hoy le vamos a quitar los dos catéteres, porque no drena nada, lo que significa que todo está bien dentro de su abdomen. Se los quitaremos en tres o cuatro horas. Deben ir a descansar un poco y luego volver. Adelante, vayan a dormir un poco.". Dicho esto, nos dio la espalda y salió de la sala de espera.

Así que mi esposa y yo decidimos regresar al departamento, descansar un poco, y volver a tiempo para la retirada de los catéteres. Pero como estábamos alojados al otro lado de la Ciudad de México, tardamos aproximadamente una hora y media en llegar al

departamento. Tan pronto como llegamos, uno de nuestros veci-
nos nos dijo que teníamos que regresar al hospital urgentemente.

Llamamos al hospital inmediatamente y nos dijeron que
regresáramos de inmediato porque algo le había pasado a nuestro hijo y a su operación.

Así que tomamos un taxi y regresamos al hospital. El médico
nos estaba esperando, ya vestido con su uniforme quirúrgico.
Simplemente nos dijo: "Todo salió mal; la operación tiene que
ser revertida, porque algo pasó y su cuerpo rechazó toda la operación. Tenemos que ponerlo como estaba antes de la última
operación. Necesitamos su permiso para continuar".

Así que, a pesar del miedo que teníamos, por supuesto que acce-
dimos y así comenzaron otras diez horas terribles de espera mientras
restauraban el estómago de Checo y todo lo demás dentro de él.

Por supuesto, no todo se podía restaurar, porque ya le habían
cortado el esófago y no había manera de que pudieran volver
a colocar ese pequeño pedazo quemado que le habían quitado
durante la última operación.

Esta operación, como ya les dije, duró más de diez horas.
Pero entonces el doctor salió a la sala de espera y, con una sonrisa muy leve, casi imperceptible, nos dijo: "La cirugía fue casi
perfecta. Sergio salió muy bien de la operación, pero está en
shock, así que deben hablar con él todo el tiempo para facilitarle
el despertar de la anestesia". El doctor continuó, luciendo muy
orgulloso y feliz por lo que había hecho: "Su esófago aún no
se puede conectar al estómago por el trocito que ya cortamos.
Así que tiene una ostomía de intestino delgado, y tendrán que
alimentarlo por ahí. Además, las secreciones que normalmente
van de la nariz y la boca por el esófago hasta el estómago tienen
que ir a algún lado, así que la parte superior de su esófago está
conectada a un estoma temporal en su cuello, y hay una bolsa
allí que tendrán que limpiar. Así que adelante, buena suerte, y

más tarde, cuando recupere las fuerzas, lo operaremos nuevamente para reconstruir su esófago y conectarlo al estómago". El doctor terminó su discurso, luego se dio la vuelta y se fue.

No tuvimos la oportunidad de hacer ninguna pregunta, así que nos quedamos mirándonos, agradecidos de que nuestro hijo estuviera vivo después de esa gran operación. Estábamos felices y nuestras esperanzas comenzaron a crecer de que volveríamos a ver bien a nuestro hijo.

Así que fuimos a ver a Checo y a hablar con él. Se veía tan pequeño y frágil con todos los tubos conectados a él, así que nos sentimos muy angustiados y nos partía el corazón verlo en esa posición.

Pero, como siempre lo habíamos hecho, seguimos orando y viviendo nuestras vidas. Nos quedamos con él tanto tiempo como nos permitían, aplicando las tres palabras que les he mencionado hasta ahora en este libro –amor, comunicación y humor– pero, sobre todo, con toda nuestra alma, mente, sentimientos y corazón, aplicamos la cuarta palabra, la que sabíamos que nos daría la sanación de nuestro amado hijito: **FE**.

Una semana después, Checo fue trasladado de una sala de terapia de emergencia a una sala general, porque estaba respondiendo perfectamente al tratamiento y el médico esperaba darle el alta del hospital en menos de un mes.

Y así, finalmente, llegó el momento en que a Sergio le dieron permiso para salir del hospital y regresar a nuestra casa y a nuestra vida cotidiana. La vida en realidad no era exactamente como había sido antes de estas dos cirugías, porque teníamos que alimentar a Checo a través de su ostomía y limpiar su bolsa del cuello cada dos o tres días, pero lo teníamos de vuelta con nosotros, y nada más importaba. Se demostró que tener fe, fe real, realmente funciona, así como las primeras tres palabras que les he estado diciendo.

LA CUARTA PALABRA:

FE

La fe es la cuarta y última, pero no la menos importante de las cuatro palabras. La fe funciona, y no sólo la fe religiosa, sino la fe universal, poder sentir realmente una fe incondicional y sin restricciones, creyendo que lo que Nuestro Señor y el Universo decidan sobre nuestros mayores problemas es lo mejor para la vida de cada uno de nosotros. Funciona, porque los cuatro –mi esposa, mi hijo Sergio, mi hija y yo– con toda la gente que nos rodea, junto con una fe real, pudimos superar todos los problemas relacionados con el síndrome de mis dos hijos y vivir muy bien. **(Recuerde que los médicos le dieron no más de tres meses de vida.)**

CAPÍTULO OCHO

¡A PESAR DE TODO, LA FE FUNCIONA!

Checo sigue vivo y disfrutándolo.

El doctor dijo: "Él merece disfrutar su vida sin restricciones; merece estar con su familia, sentado en la misma mesa y comiendo lo que quiera, sin temores de lo que le pueda pasar, en lugar de que su familia tenga que esconderse de él cuando comen".

El doctor estaba de pie en su oficina en el hospital y nos hablaba sobre la cirugía que Sergio necesitaba ahora para poder comer normalmente. Apenas unos meses antes, había soportado dos operaciones muy difíciles y peligrosas tratando de arreglar su esófago quemado, y las cirugías no funcionaron como se había planeado, por lo que le conectaron el esófago al cuello y lo estábamos alimentando a través de una ostomía.

"Entonces", continuó el doctor, "deben decidir muy pronto sobre la próxima cirugía, mientras yo todavía esté aquí, porque no falta mucho para que me vaya".

"¿Qué quiere decir con eso?", pregunté. "¿Se va a jubilar o va a dejar el hospital?".

"No, pero ya estoy viejo y cansado, así que no sé cuánto tiempo me queda. Por lo tanto, no tienen demasiado tiempo para decidir, y Sergio tiene derecho a alimentarse bien".

"Está bien", dijimos, "lo entendemos. Pero ¿qué posibilidades hay de que sobreviva a esta cirugía de transposición de colon y obtenga buenos resultados?"

Lo preguntamos porque varios médicos ya nos habían comentado que nuestro hijo podría vivir perfectamente bien alimentándose a través de la ostomía, y no estábamos seguros de si era buena idea arriesgar su vida una vez más, ahora que ya había aumentado de peso casi cinco libras y se veía bien y no parecía tener problemas.

"Las posibilidades de que salga sano y salvo son como mucho del 10 por ciento", respondió el médico con calma y muy serio.

La decisión era tan importante para la vida de nuestro amado hijo que no pudimos darle una respuesta al médico en ese momento. "Denos un tiempo para pensarlo, por favor, y se lo diremos".

"Está bien", respondió, "pero no tarden mucho. Como ya les dije, el tiempo pasa rápido y es posible que no esté aquí mucho más".

Salimos del consultorio con muchas cosas en la cabeza, pero, ciertamente, sin ninguna decisión en ese preciso momento.

Tratamos de pasar el mayor tiempo posible con nuestro hijo, fingiendo que no le pasaba nada, que ya todo estaba bien y que Checo era un niño muy feliz y que teníamos una vida maravillosa y hermosa con él sin ningún problema. Y él estaba bien, excepto que cada vez que teníamos que comer, teníamos que escondernos de él para que no se sintiera excluido. A veces intentaba comer normalmente, pero no era posible, por lo que se sentía triste, y a veces no quería comer en absoluto.

Sin embargo, no queríamos tomar esa decisión tan difícil que pondría en grave peligro su vida. Así que cerramos los ojos y dejamos que el tiempo pasara, fingiendo que él estaba feliz y que nosotros dos también.

Finalmente, para celebrar mi cumpleaños, hicimos una reunión familiar y fuimos a comer a un restaurante. La mayoría de nosotros hemos tenido celebraciones de cumpleaños similares: divirtiéndonos, disfrutando de la comida y, por supuesto, celebrando el cumpleaños. Pero, y esto era un gran pero, Sergito no estaba contento. No disfrutaba de nada. Al contrario, estaba tan triste que a veces, en medio de la cena, se iba a un rincón del restaurante y se sentaba solo, mirándonos tristemente mientras comíamos y bebíamos.

En ese preciso momento, mi esposa y yo hablamos.

"¿Ves a Chequito?", me preguntó mi esposa.

"Sí, por supuesto".

"Se ve increíblemente triste. No quiere compartir nuestra celebración. Se siente mal".

"Sí, lo puedo ver. Supongo que esta es la respuesta a la pregunta de la cirugía. No podemos posponerla por más tiempo".

"Estoy de acuerdo", dijo mi esposa. "Estoy realmente asustada, pero si nuestro hijo estará triste cada vez que comamos, por supuesto que nuestra decisión debe ser lo que sea mejor para su vida y su felicidad"

Así que fuimos a la Ciudad de México y le dijimos al doctor que habíamos decidido operar a nuestro hijo y que él podía programar una fecha para realizarla.

Él le pidió a su enfermera que nos diera el pase para hospitalizar a nuestro hijo y operarlo al día siguiente.

"¿Cómo es eso, doctor?", le dije.

"Lo vamos a hospitalizar de inmediato", respondió el doctor, "para no perder más tiempo".

"Sí, lo entendemos", dijo mi esposa, "pero no pensamos que se programaría tan pronto. Pensamos que tomaría algún tiempo planificar la operación antes de que finalmente la hagan".

"No", respondió el doctor, "para nada. Creo que lo mejor para todos ustedes es hacerlo sin demora para que podamos tener a Sergio comiendo lo antes posible. Así que sigamos con todos los requisitos para su hospitalización inmediata. Mañana o pasado mañana a más tardar, podemos realizar la intervención quirúrgica".

"Doctor", dije en un tono de voz notablemente bajo, "doctor, ¿sería posible esperar una semana más para que podamos llevarlo de vacaciones?"

"Preferiría que no lo hiciera, porque van a cambiar de opinión y decidirán no volver. Creo que es mejor hacerlo ahora que han decidido hacerlo".

"Le Juramos, doctor", respondió mi esposa, "que volveremos en una semana. Simplemente déjenos disfrutarlo durante siete días más. Déjenos llevarlo de vacaciones a un lugar al que siempre ha querido ir". Comprendimos que existía una probabilidad notablemente alta de que esta fuera la última vez que lo tuviéramos y queríamos disfrutarlo al máximo.

Finalmente, después de varios minutos más de intensa reflexión y discusión, el doctor cedió.

Salimos del hospital con nuestro pequeño hijo para tomarnos una semana más e irnos de vacaciones con él. Hicimos esas vacaciones, y realmente parecía un viaje de despedida, aunque mi esposa y yo tratábamos de aparentar que todo estaba bien y que no se produciría, en un futuro cercano, un evento que muy probablemente le quitaría la vida a nuestro hijo.

Hicimos ese viaje, y luego, una semana después, volvimos al hospital para esa terrible operación. No queríamos hacerlo, pero, al mismo tiempo, sentíamos que nuestro hijo tenía que vivir feliz sin restricciones en su alimentación. Así que decidimos seguir adelante y dejar todo en manos de nuestro Dios.

Finalmente llegó el día. Llevaron a Sergito al quirófano y comenzaron la cirugía que duraría horas para reemplazar su esófago, ya cortado durante un intento fallido anterior, con un pedazo de su colon.

Esperamos y rezamos. Esperamos y rezamos.

Estábamos completamente en las manos de Dios, completamente seguros de que Él haría lo que fuera mejor para nuestro hijo y para nosotros. Teníamos una fe muy sólida en que, cualquiera que fuera el resultado de la operación, sería la mejor decisión para la felicidad de nuestro hijo.

Pero esperamos y rezamos. Y esperamos y rezamos.

Y . . .

Finalmente . . .

El médico salió del quirófano.

"Hicimos todo lo humanamente posible. Ahora está en manos de Dios. La operación salió bien, pero su hijo está en estado de shock, por lo que deben hablar con él continuamente para que pueda despertar de ese shock".

Estábamos extasiados cuando escuchamos esas palabras. Por supuesto, en ese momento no sabíamos lo que significaba estar en estado de shock. Solo nos importaba que nuestro hijo estuviera vivo y fuera de esa operación tan peligrosa.

"Por supuesto, doctor", dijimos, "hablaremos con él todo el tiempo y nos quedaremos con él en la unidad de cuidados intensivos cada minuto que podamos".

Y el médico salió del hospital, dejándonos con una noticia increíblemente feliz, pero también con mucha preocupación por las posibilidades de recuperación de nuestro hijo. Fuimos a ver a Sergito a la UCI en cuanto nos dejaron entrar. La primera vez fue realmente impactante, no porque estuviera en shock, pues parecía que estuviera durmiendo, sino porque era casi imposible encontrarlo entre todos los instrumentos eléctricos que lo mantenían respirando, drenando líquidos y monitoreando sus signos vitales. Así que nuestros corazones estaban realmente asustados, pero, al mismo tiempo, estábamos completamente seguros de que Dios había hecho un milagro y que nuestro hijo iba a vivir y recuperarse completamente de esta gran operación.

Nos quedamos con él todo el tiempo que nos dejaron ese día, hablando con él y orando. Teníamos fe en que se iba a recuperar. Y luego al día siguiente, fuimos otra vez y seguimos hablando con él, y orando, y pensamos que pronto estaría fuera del hospital y volveríamos a nuestras vidas.

Después de dos días en la UCI con nosotros hablando con nuestro hijo todo el tiempo, Checo despertó, y el milagro comenzó a verse. Estaba despierto, y, realmente, estaba increíblemente feliz a pesar de estar en la UCI y todavía muy débil.

Después de que Checo estuvo en la UCI solo una semana, algunos de los otros pacientes contrajeron varicela, y el médico decidió transferir a Chequito a una sala general en el hospital para que no se contagiara. Se quedó allí otras dos semanas.

Finalmente llegó el gran día. Después de tantas oraciones, peticiones a Dios y una fe increíble, nos enteramos de que el médico finalmente le daba el alta a nuestro amado hijo Sergito y lo llevamos a casa para que tuviera una vida casi normal, en la que podía comer libremente casi todo lo que quisiera y vivir con nosotros, agradeciendo a Dios por todo lo que obtuvimos a cambio de nuestras oraciones y nuestra fe.

Y VOLVIMOS A NUESTRAS VIDAS Y EMPEZAMOS OTRO CAMINO QUE NOS CONDUJO A VARIOS EVENTOS, ALGUNOS PROBLEMÁTICOS Y OTROS FELICES, PERO ESA ES OTRA HISTORIA.

Galería

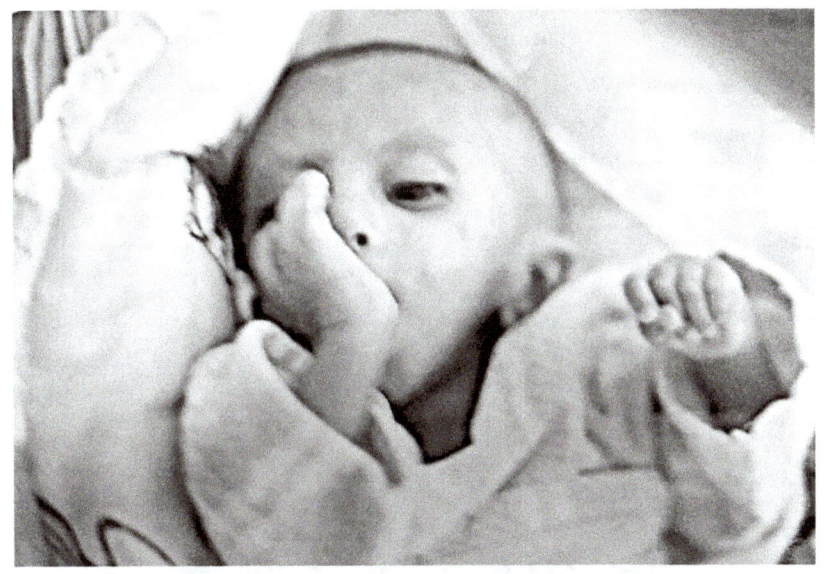

Checo de 4 meses muy enfermo durmiendo en el hospital.

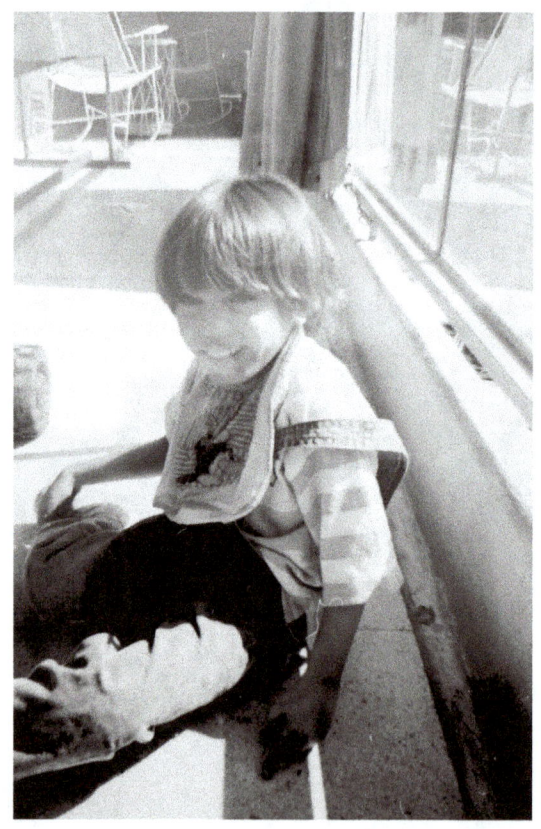

Checo de 3 años en la oficina de su papá.

Toda la familia: Checo, su papá,
su hermana Marucita y su mamá Maru.

Checo en la playa, justo después de su operación de esófago.

Checo con su mamá y su hermana.

Checo limpiando sus zapatos,
sintiéndose tan orgulloso de su apariencia.

Sergio en el campo.

Checo con uno de sus perros.
A Checo le encantan los perros.

Toda la familia en la fiesta de Checo y Maru.

Checo escribiendo.
Le encanta trabajar y escribir todo el tiempo.

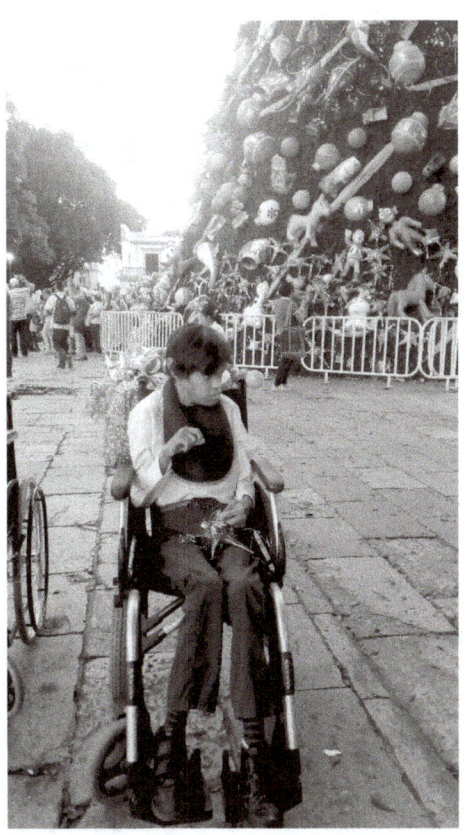

Sergio en el Zócalo de Oaxaca durante la Navidad.

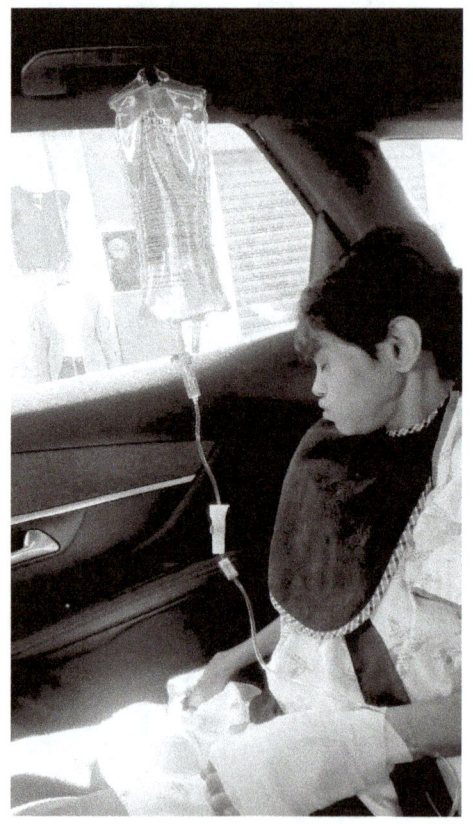

Checo saliendo del hospital.

Checo durmiendo en una hamaca.

Acerca del Autor

Sergio Andrés Bello Guerra es padre de dos hijos con discapacidad física e intelectual. Junto con su esposa, ha adquirido un profundo conocimiento sobre el cuidado y la atención que requieren las personas con discapacidad. Esta experiencia personal ha sido un motor en su vida, llevándolo a convertirse en un defensor incansable de los derechos y el potencial de todas las personas, independientemente de sus circunstancias.

Originario de Oaxaca, este destacado político, académico y escritor mexicano ha dedicado su vida a promover el desarrollo económico y social de su estado y país. Como ingeniero en sistemas computacionales con títulos del Instituto Tecnológico y de Estudios Superiores de Monterrey, Sergio ha complementado su formación con estudios superiores en desarrollo económico, legislación y redacción. Ha obtenido diversas maestrías y doctorados, incluyendo un doctorado en ciencias políticas y una maestría en escritura creativa, así como múltiples doctorados honoris causa. Su carrera académica lo ha convertido en una figura influyente tanto en la política como en la sociedad.

En el ámbito político, Bello Guerra se ha desempeñado como diputado local en Oaxaca, en particular como presidente de la Comisión de Desarrollo Económico, Industrial, Comercial y Artesanal durante la 62 legislatura del Congreso del Estado. Durante su período, impulsó políticas encaminadas a fortalecer la economía local, con especial énfasis en el apoyo a los artesanos y productores indígenas. Su compromiso ha permitido que las tradiciones culturales y las pequeñas economías de Oaxaca reciban la atención necesaria para prosperar, siempre con fundamento en la transparencia y la rendición de cuentas. También se ha desempeñado como Concejal de Turismo y Transparencia en el municipio de Oaxaca de Juárez.

Como escritor, Sergio Andrés ha publicado numerosos artículos y blogs sobre política, sociedad, turismo, cultura, motivación y economía. Se enfoca en preservar la identidad cultural de Oaxaca y promover estrategias de desarrollo sustentable. Su estilo reflexivo y comprometido resalta su visión de un crecimiento equitativo y sustentable para todos. A través de sus escritos, enfatiza la importancia de cerrar la brecha entre la teoría y la práctica, enfatizando la necesidad de un trabajo legislativo efectivo y realista que permita a las personas reconocer y aprovechar su potencial interior.

Su trabajo escrito, tanto en libros como en su blog, sirve como fuente de inspiración para quienes buscan comprender los desafíos y oportunidades que enfrentamos, abordados desde una perspectiva que equilibra el respeto por las tradiciones con la necesidad de un crecimiento moderno y justo. Sergio Andrés Bello Guerra es un ferviente defensor del desarrollo integral de todos los seres humanos, convencido de que cada individuo posee un potencial único que merece ser descubierto y cultivado.

En reconocimiento a su labor, ha recibido numerosos reconocimientos tanto en el ámbito político como académico. Su constante defensa de los derechos de todos y su compromiso con el fortalecimiento del tejido social le han valido el respeto de sus pares y de las comunidades que representa. Con una visión clara y una pasión por el progreso social, Sergio Andrés Bello Guerra sigue siendo una figura clave en la política oaxaqueña y un auténtico promotor del potencial humano en su máxima expresión.